Mit Gold durch die Krise

1. Auflage Dezember 2011

Lektorat: Lektoratsbüro Wille – Ulrich Wille
Umschlaggestaltung: Jennifer Hellwagner
Druck und Bindung: GGP Media GmbH, Pößneck

ISBN 978-3-86445-017-4

Udo Ulfkotte

1960 – 2017

Mit Gold durch die Krise

Alles, was Sie wissen müssen

KOPP VERLAG

Inhaltsverzeichnis

Vorwort

André Kostolany war im vergangenen Jahrhundert über viele Jahrzehnte hin der wohl bekannteste Anlagefachmann der Welt. Er starb 1999 im Alter von 93 Jahren. Kostolany hielt angeblich nichts von Gold. Bei seinen wöchentlichen Fernsehauftritten behauptete der legendäre Kostolany stets, Gold sei »totes Kapital«. Doch als Privatmann kaufte Kostolany regelmäßig Gold. Er sagte in seinem Freundeskreis: »Sagen Sie mir, wann sich der Mensch verändern wird, und ich werde Ihnen sagen, wann die Bedeutung von Gold aufhören wird. Wer Gold hat, der hat immer auch Geld.« Wer sich mit Gold befasst, der muss wissen, wer auf diesem Gebiet warum welche Äußerungen tätigt. Er muss vor allem einen klaren Kopf bewahren und sich mit Hintergründen befassen. Nur dann kann er sich beruhigt zurücklehnen.

In diesem Buch erfahren Sie nicht nur allgemein zugängliche Hintergründe über Gold und seine Geschichte, sondern auch nachprüfbares Geheimwissen. Es stammt beispielsweise aus den von *WikiLeaks* veröffentlichten geheimen amerikanischen Botschaftsberichten. Im deutschsprachigen Raum hat es bislang niemand aufgegriffen. Wenn Sie dieses Buch und die entsprechenden Passagen (siehe das Kapitel »Geheimwissen«) gelesen haben, dann sind Sie ganz sicher besser informiert als ein europäischer »Goldfachmann«. Sie wissen dann, wann und warum sich der Goldpreis in den nächsten Jahren in welche Richtung bewegen wird.

Die längste Lebensdauer einer Papiergeldwährung liegt bisher bei etwa 200 Jahren (US-Dollar). In dieser Zeit hat der amerikanische Dollar allerdings rund 95 Prozent seiner Kaufkraft eingebüßt. Ein Gramm Gold hat heute allerdings noch immer jene Kaufkraft, die es auch vor 200 oder vor 2.000 Jahren hatte.

Schauen Sie sich die Lage in jenen Teilen der Welt an, wo vor wenigen Jahren noch großer Wohlstand dauerhaft und wie selbstverständlich gesichert schien: ein US-Haushalt im Schuldendesaster und in Europa immer mehr Streit darüber, wer künftig für die Schulden der anderen aufkommen soll. Wer Ersparnisse hat, der ist verunsichert. Und auch die Börsen sind seit der Pleite der *Lehman-Bank* im September 2008 nervös wie nie. Doch die Rettung glänzt. Für viele Anleger zumindest. Immer mehr Menschen flüchten ins Gold und tauschen ihre Ersparnisse gegen das Edelmetall ein. Ein Berliner Goldhändler hat mit vielen seiner Kunden gesprochen. Er sagt: »Die Leute haben ganz einfach Angst, dass das Geld, das sie ihr Leben lang erarbeitet haben, von heute auf morgen weniger oder plötzlich nichts mehr wert ist.«

Wenn Banken der Zusammenbruch droht, wenn die Rezession vor der Tür steht und die Inflation die Preise treibt, dann kaufen die Menschen in Panik Gold. Dabei sind Panik und Angst ganz sicher keine guten Ratgeber. Wer Gold erwerben will, der sollte einen kühlen Kopf haben. Denn es gibt einige Fakten und Gesetze, die man unbedingt kennen sollte, wenn man einen Teil seiner Ersparnisse in Gold investiert.

Krisen und Inflationsangst der vergangenen Jahre haben den Goldpreis immer wieder einmal in ungeahnte Höhen steigen lassen, weil Menschen überall auf der Welt Gold in schweren Zeiten für wertbeständiger halten als das Papiergeld. Gold kommt zwar fast überall auf der Erde vor, doch es ist fast nirgendwo leicht zu gewinnen. Schon in den ersten Goldminen im alten Ägypten war die Arbeit so schwer und lebensgefährlich, dass sie komplett den Sklaven überlassen wurde. Der Aufwand für den Goldabbau ist auch Jahrtausende später noch enorm. Und so bleibt Gold auf lange Sicht gesehen stabil im Wert. Das Edelmetall glänzt zudem nach Jahrtausenden noch genauso wie früher. Kupfer setzt Grünspan an, Silber läuft an und muss geputzt werden. Aber Gold hört auch nach Jahren nicht auf zu glänzen.

Als der Goldpreis im Oktober 1999 mit 255 Dollar (182 Euro) den tiefsten Stand seit 30 Jahren erreichte, da schrieben viele das Metall ab. Während des Booms der New Economy wollte kaum ein Anleger etwas von Gold wissen. Der Preis fiel über lange Zeit. Minen machten dicht. Die großen Bergbaugesellschaften verkauften den Rohstoff so weit im

Voraus wie möglich, um sich vor dem weiteren Preisverfall zu schützen. Und dann platzte die Internetblase. Plötzlich empfahlen Finanzberater ihren Kunden wieder Edelmetalle. Der Goldpreis schnellte in die Höhe. Wenn die Aktienkurse fallen, dann steigt der Goldpreis – und umgekehrt. Das ist fast ein Gesetz. Es gibt viele dieser Gesetze, die man kennen sollte, wenn man Gold als Wertanlage kaufen will. Ein weiteres Beispiel: Wenn Regierungen Schulden aufnehmen, um Banken und Wirtschaft zu stützen, und Zentralbanken Geld drucken, dann steigen Schulden und die Geldmenge. Das schürt bei Anlegern Inflationsängste. Die Folge: Der Goldpreis steigt. Auch das ist ein ungeschriebenes Gesetz. Nach Angaben einer Studie des *World Gold Council* gibt es einen direkten Zusammenhang zwischen der Krisenangst von Menschen und ihrem Interesse an Gold: Steigt die Geldmenge in einem Land innerhalb von sechs Monaten um zehn Prozent, dann steigt auch der Goldpreis um rund zehn Prozent. Im Klartext: Mit der Inflationsgefahr steigt die Nachfrage nach Gold und damit dessen Preis. Das Papiergeld wird zugleich entwertet. Der innere Wert des Goldes verändert sich dabei allerdings nicht: Für einen Dollar bekam man im Jahr 1900 noch 14 Laibe Brot, heute reicht das nicht einmal mehr für einen halben. Für eine Unze Gold dagegen kann man heute ebenso wie vor mehr als hundert Jahren einen guten Maßanzug kaufen.

Wer am Jahresanfang 2011 eine einzige Feinunze des Edelmetalls für rund 1.400 US-Dollar (1.046 Euro) kaufte und sie im August 2011 wieder verkaufte, der machte rund 500 Dollar (373 Euro) Gewinn. Wer Anfang August 2011 für 1.900 Dollar (1.420 Euro) kaufte und wenige Wochen später wieder verkaufen wollte, der machte mehrere Hundert Euro Verlust. Im Klartext: Wer mit Gold spekuliert, der ist ein Zocker und kann sehr schnell sehr viel Geld verlieren, wenn er innerhalb einer bestimmten Zeit um jeden Preis wieder verkaufen muss. Wer diesen Zeit- und Verkaufsdruck nicht hat, der kann mit Gold langfristig (so lehrt die Erfahrung aus Jahrtausenden) nur gewinnen.

Der Goldpreis mag über einige Jahre betrachtet fallen oder steigen – langfristig aber behält Gold zumindest seinen inneren Wert. Wer einen Teil seiner Ersparnisse in Gold investiert, der wird wohl nie alles verlieren. Wer Gold nicht als spekulative Anlage kauft, also keine großen Gewinne in einer bestimmten Zeit erwartet, der kann gelassen und ruhig in die Zukunft blicken. Ein Totalverlust der investierten Summe ist ausgeschlossen. Gold ist langfristig gesehen immer eine sichere Anlage, wenn man die jahrtausendealten Geheimnisse dieses Edelmetalls kennt und beim An- und Verkauf berücksichtigt.

Vor allem in Krisenzeiten erwägen viele Menschen, Gold zu kaufen. Es sind Menschen, die beispielsweise vor Jahren deutsche Technologiewerte erwarben oder amerikanische Immobilienfonds – und dann viel Geld damit verloren haben. Wer Aktien und Anleihen kauft, der gibt sein Geld anderen Menschen, Unternehmen oder Staaten, damit die es für ihn möglichst vermehren. Er nimmt also Teil am großen Spiel der Finanzmärkte. Er glaubt an die Kraft des Wirtschaftswachstums und den Sieg des Profits über die Pleite. Ganz anders ist es beim Goldkäufer: Wer Gold kauft, der hat diesen Glauben verloren. Goldkäufer sind meist Menschen, die nicht mit Aktien oder Staatsanleihen maroder Staaten wie an einem Roulettetisch sitzen und zocken wollen. Goldkäufer behalten einen Teil ihres Geldes lieber für sich und verwandeln es in Münzen und Barren. Aus dieser Perspektive gesehen ist Gold nichts anderes als Metall gewordener Systemverdruss, eine Art von Kapitalismuskritik. Doch im Gegensatz zu den lärmenden Demonstranten auf den Wirtschaftsgipfeln oder Tagungen der Weltbank wollen Goldkäufer nicht die Welt retten, sondern sich selbst und ihren Wohlstand. Dieses Buch vermittelt das dazu notwendige Hintergrundwissen.

Gold ist ein Wertspeicher

Was ist der Unterschied zwischen Geld und Gold? Geld ist vergänglich – Gold nicht. Gold ist seit Jahrtausenden höchster Maßstab für einen Wert, nicht etwa Geld. Einen sehr wertvollen Menschen, den kann man »nicht mit Gold aufwiegen«. Der Volksmund weiß, dass etwas »Gold wert« ist. Wir sagen etwa, dass eine gute Gesundheit »Gold wert« sei. Denn sie ist mit Geld nicht zu bezahlen. Wir haben auch Sprichwörter wie »Morgenstund hat Gold im Mund«, »Reden ist Silber, Schweigen ist Gold«, »Eigener Herd ist Goldes wert« und »Es ist nicht alles Gold, was glänzt«. Und wenn wir etwas nicht überbewerten wollen, dann sagen wir, man solle es »nicht auf die Goldwaage legen«. Johann Wolfgang von Goethe lässt Gretchen im *Faust* seufzen: »Nach Golde drängt, am Golde hängt doch alles.« Obwohl die wenigsten Menschen über größere Mengen Gold verfügten, hat es dennoch die Geschichte der Menschen entscheidend mitgeprägt.

Rechnet man alles Gold, das deutsche Privatleute heute in Form von Schmuck, Münzen oder Barren besitzen, zusammen, dann ergibt dieses eine Menge von 7.500 Tonnen (zum Vergleich: In Frankreich haben Privatleute 4.714 Tonnen Gold und in Italien 6.418 Tonnen). Es ist mehr als doppelt so viel Gold wie die Bundesbank in ihren Tresoren hat. Hinzu kommen bei den Privatbürgern noch einmal rund 1.350 Tonnen Gold, das sie nicht physisch halten, sondern in Wertpapieren (Zertifikaten) haben. Goldbesitz hat in Deutschland nur einen Anteil von 2,8 Prozent am gesamten Vermögen der Bürger. 50,9 Prozent entfallen auf Immobilien, 18 Prozent auf Einlagen bei Banken, 5,1 Prozent auf Investmentfonds, 13,3 Prozent auf Versicherungen (etwa Lebensversicherungen), 2,7 Prozent auf Pensionsrückstellungen,

3,6 Prozent auf Renten, 1,8 Prozent auf Aktien und weitere 1,8 Prozent auf sonstige Beteiligungen. 63 Prozent der deutschen Privatpersonen besitzen Goldschmuck (etwa einen goldenen Ehering). Aller Goldschmuck der Deutschen zusammen (Ringe und Ketten, aber ohne Barren und Münzen) ergeben 3.566 Tonnen Feingold. Statistisch gesehen hat jeder Deutsche im Alter von über 18 Jahren 58 Gramm reines Gold in seinem Besitz. Dabei gibt es jedoch ein deutliches Ost-West-Gefälle: Ostdeutsche haben im Schnitt acht Gramm weniger Feingold. Und Süddeutsche haben mit durchschnittlich 70 Gramm mehr Gold als Norddeutsche. Die Bereitschaft der Deutschen, Gold zu kaufen, steigt von Jahr zu Jahr: 40 Prozent der Bürger gaben Ende 2011 in einer Umfrage an, künftig Feingold kaufen zu wollen. Der Goldbesitz ist in Deutschland in der Bevölkerung sehr ungleich verteilt. Je höher der Intelligenzquotient der Bürger, desto höher sind auch ihre Ersparnisse in Gold. Es sind demnach die intelligenten Menschen, die sich mit dem Thema Gold befassen.

Seit Tausenden von Jahren machen sich Menschen Gedanken darüber, wie sie die Früchte ihrer Arbeit vor möglichen Gefahren schützen können. Das geerntete Korn der Felder haben unsere Vorfahren zur Sicherung in Speichern aufbewahrt. Und als Tauschmittel für die Früchte ihrer Arbeit nutzen Menschen seit mehr als 7.000 Jahren auch Gold. Im alten Rom bekam man für eine Unze Gold eine Tunika, im Kaiserreich einen Anzug, heute einen Maßanzug. Nach 2.000 Jahren bekommt man für eine Goldmünze also immer noch den gleichen Gegenwert. Ist es nicht faszinierend, dass Gold nach Jahrtausenden nichts an Wert verloren hat?

Alexander der Große bezahlte mit Gold. Und Julius Cäsar bezahlte ebenso mit Gold wie König Ludwig XIV., Peter der Große und Napoleon. Nun stellen Sie sich einfach einmal vor, die vorgenannten Herrscher hätten nicht mit Gold, sondern mit Schecks oder Schuldscheinen (also Zahlungsversprechen auf Papier) bezahlt. So mächtig die Männer auch früher gewesen sein mögen, keine Bank der Welt würde heute etwas auf ihre Schuldscheine geben. Beim Anblick eines Goldbarrens aus der Truhe der Herrscher aber wäre das völlig anders.

Kriege, Wirtschaftskrisen, Bankenzusammenbrüche, Währungsreformen und Inflation haben in der Geschichte der Menschheit gewaltige Werte vernichtet. Nur Gold hat sie alle schadlos überstanden.

Wer heute eine mehr als 2.000 Jahre alte römische Goldmünze findet, der muss eben nicht erst davon überzeugt werden, dass sie auch heute noch einen Gegenwert hat. Wenn Sie morgen bei einem Spaziergang zufällig eine kleine alte römische Goldmünze finden, dann halten Sie ganz sicher einen Gegenwert in der Hand. Doch wenn Sie dann später beim Stöbern auf dem Dachboden ein Bündel alter Geldscheine oder Aktien aus der Kaiserzeit finden, dann können Sie das eher zum Altpapier stellen. Als ein Bauherr im Juli 2008 in einer vom Dauerregen aufgeweichten Baugrube im Landkreis Dachau elf rheinische Golddukaten aus dem 15. Jahrhundert fand, da freute sich sogar der Landrat. Die Sparkasse organisierte eine Ausstellung und alle Medien berichteten über den Fund. Hätte der Bauherr in einer vergrabenen Truhe ein Bündel alter Geldscheine entdeckt, dann würde das wahrscheinlich niemanden interessieren. Auch ohne wissenschaftliche Studien wird auch dem Laien so schnell klar: Ein Mensch, der vor langer Zeit lebte, würde auch heute noch nach einer Zeitreise mit einigen alten Goldstückchen trotz vieler gewaltiger Veränderungen auf der Erde finanziell überleben können. Ein anderer, der vor Jahrhunderten seinen Reichtum auf Papiergeld oder Schuldscheinen gründete, der müsste nach einer Zeitreise jetzt betteln. Gold hat also seinen Wert über viele Generationen hin konstant gehalten. Und Gold war in allen Wirtschaftskrisen die wichtigste harte »Währung«, zu der die Menschen gegriffen haben.

Gold ist aber mehr als eine Währung. Es ist vor allem ein Mythos. Der erste Mensch, der zufällig ein Nugget im Kies eines Flussbetts aufleuchten sah, der glaubte wohl ein Stück vom Himmel vor sich zu haben, etwas Heiliges. Die etwa 3.600 Jahre alte »Himmelsscheibe von Nebra«, auf der Sonne, Mond und Sterne in Gold verewigt sind, gilt als ältester goldbesetzter Kultgegenstand Mitteleuropas. Die Azteken im heutigen Mexiko nannten ihre Goldfunde »Teocuitlatl«, das bedeutet übersetzt »Ausscheidungen der Götter«. Und die frühen Hochkulturen der Ägypter sahen im Gold ein Abbild der Sonne und nutzten das kostbare Element ausschließlich als Schmuck und für kultische Zwecke. Gold, das vom Blauen Nil und den ersten Bergwerken im Sudan stammte, sollte im Leben wie im Tode die Göttlichkeit der Herrscher hervorheben. Sein Besitz war den Herrschern und ihren Priestern vorbehalten. Die alten Ägypter legten ihre herrschaftlichen Mumien auch deshalb in vergoldete Gewänder und in schwere Goldsärge, um den Pharaonen damit die Unsterblichkeit zu sichern. Schon seit mehr als 5.000 Jahren wird Gold aber auch als Zahlungsmittel im Handel der Völker verwendet.

Gold wurde von den alten Ägyptern, Azteken, Byzantinern, Römern und Chinesen höher als jeder andere Wertgegenstand geschätzt. Man verwendete es für rituelle Zwecke und Gegenstände sowie für die Verarbeitung von Schmuck und Gefäßen. Die goldene Totenmaske des ägyptischen Pharaos Tutenchamun zeugt davon ebenso wie jene von Agamemnon, eines Königs im griechischen Mykene. Der jahrtausendealte Mythos vom Goldenen Vlies (in der Realität handelte es sich um ein Schafsfell, um Gold aus den Flüssen am Kaukasus zu waschen) zeugt ebenso von der Wertschätzung für Gold durch unsere Vorfahren wie jene Stellen im Neuen Testament, die neben Weihrauch und Myrrhe Gold als eines der Huldigungsgeschenke der drei Weisen aus dem Morgenland bei der Geburt Jesu erwähnen. Auch der legendäre Gral in der Artussage ist natürlich aus Gold.

Im Jahre 2004 entdeckte ein deutsch-georgisches Forscherteam im Kaukasus ein 5.000 Jahre altes Goldbergwerk. Gefunden wurde es in Sakdrissi, rund 50 Kilometer südwestlich der georgischen Hauptstadt Tiflis. Im Jahre 2007 kehrten die Forscher an den Fundort zurück, wo sie dann auch noch die Überreste eines viele Tausend Jahre alten Gebäudes entdeckten, in dem sich große Mahlsteine befanden. Es waren Werkzeuge, mit denen Menschen vor 5.000 Jahren Gold aus dem Gestein der Umgebung herauslösten. Nach heutigem Kenntnisstand handelt es sich um die älteste Goldmine der Welt.

Man kann sich heute kaum noch vorstellen, wie viele Kriege in der Geschichte der Menschheit geführt wurden, um an Gold zu kommen. Die Erbeutung wertvoller Edelmetalle spielte häufig eine wichtige Rolle, wenn die Herrscher zu den Waffen riefen. Die Heere der ägyptischen Pharaonen unterwarfen im 2. Jahrtausend vor Christus die Nubier, um im Grenzgebiet zum heutigen Sudan deren reiche Goldlagerstätten ausbeuten zu können. Und Philipp II. von Makedonien hatte es später auf die thrakischen Bergwerke und das dort geförderte Gold abgesehen. Sein Sohn Alexander der Große häufte große Goldreichtümer an, während er durch zahlreiche Eroberungen ein Weltreich schuf. Cäsar führte Krieg in Gallien, weil er wusste, dass es im Land der Kelten Gold gab. Und das brauchte Cäsar zur Finanzierung seiner Machtambitionen. Dem Römischen Imperium gelang der Aufstieg zur Weltmacht mit Hilfe der Goldreichtümer Iberiens, Thrakiens, Dakiens, Galliens und Ägyptens. Und die spanischen Konquistadoren zerstörten in der ersten Hälfte des 16. Jahrhunderts, von Goldgier getrieben, die Hochkulturen der Azteken und der Inkas. Tausende von Menschen wurden getötet oder versklavt.

Schon vor Jahrtausenden nutzten Menschen Goldstaub und Goldkörner, um den direkten Tausch von Ware gegen Ware zu vereinfachen. Dabei musste man jedoch jedes Mal das Gold auswiegen, um seinen Wert zu bestimmen. Das war schwierig und nie konnte sich ein Händler sicher sein, dass er tatsächlich reines Gold bekam. Vor diesem Hintergrund entstanden um etwa 620 vor Christus die ersten Goldmünzen. In Kleinasien ließ ein König Goldstücke so schlagen, dass sie eine Form bekamen und mit Verzierungen versehen wurden. Es war der lydische König Kroisos, der erstmals Goldmünzen von einheitlicher Größe mit einheitlichem Wert schlagen ließ. Der Mann wurde mit dieser Erfindung so reich, dass wir noch heute – mehr als 2.500 Jahre später – einen reichen Menschen als »Krösus« bezeichnen. Weil die Idee dieses »Krösus« so genial war, fand er schnell Nachahmer: Binnen weniger Jahre prägten auch alle griechischen Stadtstaaten (wie Athen oder Milet) eigene Goldmünzen. Und dann übernahmen auch die Römer die Kunst des Goldmünzen-Schlagens von den Griechen. Die ersten römischen Goldmünzen wurden 216 vor Christus geprägt. Wie wertbeständig solche römischen Goldmünzen waren, belegt eindrucksvoll der römische »Aureus« (8,19 Gramm Reingold). Diese Goldmünze entstand während der Herrschaft von Julius Cäsar (*13. Juli 100 v. Chr.; †15. März 44 v. Chr.). Von 27 vor Christus bis 309 nach Christus erhielt ein römischer Legionär eine solche Goldmünze als Monatslohn. Mit dem Einmarsch der Truppen Alexanders des Großen im 4. Jahrhundert gelangten Goldmünzen auch ins alte Ägypten.

Auf der anderen Seite des Mittelmeeres haben die Kelten die Kunst der Fertigung von Goldmünzen von den Griechen übernommen. Die westlichen Kelten (Gallier) stellten schon im 2. vorchristlichen Jahrhundert eigene Goldmünzen her. Auch die Merowinger prägten Goldmünzen, wechselten jedoch (ab dem 7. Jahrhundert) immer stärker zu Silbermünzen, weil Gold immer knapper und wertvoller wurde. Ab etwa 696 unserer Zeitrechnung gab es auch im Islamischen Großreich unter dem Kalifen Abd al-Malik mit dem Gold-Dinar eine erste arabische Goldmünze (4 Gramm Gold).

Mit den Kreuzzügen und dem sich danach entwickelnden Fernhandel erlangten Goldmünzen (neben Silbermünzen) eine neue Bedeutung. Jeder europäische Herrscher ließ nun sein Konterfei in die Goldmünzen schlagen.

Viele neuzeitliche Währungsnamen leiten sich von den damals gebräuchlichen Worten für Gold ab. So etwa das nicht nur im niederländischen Sprachraum gebräuchliche Wort »Gulden« (es gab beispielsweise auch rheinische Goldgulden, polnische Goldgulden oder kantonale Schweizer Gulden, die erst 1850 durch den Schweizer Franken abgelöst wurden). Und die ungarische Währung Forint leitet sich vom Florentiner Handelsbegriff für Gold ab – »Fiorini d'Oro«. Von 1284 bis 1779 gab es zudem die venezianischen Golddukaten mit einem Goldgehalt von 986/1.000 und einem Gewicht von 3,49 Gramm. Venezianische Golddukaten waren damit über viele Jahrhunderte die stabilste Währung der Welt. Zwischen 1559 und 1857 waren Golddukaten in Deutschland offizielles Zahlungsmittel, in

Österreich werden sie bis heute als Tauf-, Paten- oder Sammlergeschenke nachgeprägt. Gold war also (neben Silber) eine verlässliche Währung, die alle Länder über viele Jahrhunderte im Handel miteinander verbunden hat.

Seit Tausenden von Jahren scheint sich somit an der Beliebtheit von Gold als Wert nichts geändert zu haben. Auch in Süd- und Mittelamerika war Gold der wichtigste Wert, bis 1521 der Spanier Hernán Cortés das Aztekenreich in Mexiko eroberte – das sagenhafte Goldland »El Dorado«. Alle indianischen Hochkulturen Süd- und Mittelamerikas hatten goldene Kultgegenstände, die von den Spaniern respektlos und begierig geraubt und eingeschmolzen wurden. Spanien wurde mit dem Gold der amerikanischen Ureinwohner zum reichsten Land Europas.

Fast jedem bekannt ist auch der große Goldrausch: Als die USA 1776 ihre Unabhängigkeit von der britischen Krone erklärten, da verfügte der junge Staat noch nicht über eigene Gold- und Silbervorräte. Im Klartext: Das herausgegebene Papiergeld hatte keine Deckung und führte zur Inflation. Die einzigen bedeutenden Goldvorkommen wurden in North Carolina entdeckt. Die Vereinigten Staaten beendeten 1848 ihre Kämpfe mit Mexiko und bezahlten 15 Millionen Dollar für ein großes Stück Land, das von Texas bis Kalifornien reichte. Bei Vertragsabschluss wusste man nicht, dass in Kalifornien wenige Tage zuvor in der Nähe einer Sägemühle Gold gefunden worden war. Diese Entdeckung führte dann zum ersten und größten Goldrausch in der Geschichte der Vereinigten Staaten. Hunderttausende von Menschen zog es mit dem Schiff oder über Land nach Kalifornien. Im Jahrzehnt nach der Entdeckung wurde in Kalifornien Gold im Wert von mehr als einer halben Milliarde Dollar gefunden. Es ist fast das 35-Fache des Betrags, den die USA für die Gebiete an Mexiko gezahlt hatten. Wegen der hohen Goldvorkommen und der zunehmenden Besiedlung wurde Kalifornien bereits 1850 zum 31. Bundesstaat der USA erklärt. In den 60er- und 70er-Jahren des 19. Jahrhunderts fand der nächste Goldrausch am South Platte River in Colorado statt. Auch hier führten das Goldvorkommen und die steigende Bevölkerungszahl schnell zur

Erklärung Colorados zum Bundesstaat. Der letzte große Goldrausch in der Geschichte der USA fand am Klondike River in Alaska in den Jahren 1896 bis 1898 statt.

Die Gier nach Gold war der Hauptgrund für Kriege und Eroberungszüge. Doch die vielen Kriege inmitten Europas waren auf Dauer so teuer, dass die Herrscher sie nicht mehr mit Gold finanzieren konnten. So entstand 1694 in London die *Bank of England*, jene Notenbank, die zum Vorbild aller anderen europäischen Notenbanken werden sollte. Dort wurde Papier ausgegeben – Banknoten. 1816 führte Großbritannien dann den Goldstandard ein. Um das Vertrauen der Bürger in relativ neue Werte wie Geldscheine zu gewährleisten, garantierten die Banken fortan, dass sie das Papiergeld jederzeit in Gold umtauschen würden. Seither lagerten Notenbanken echtes Gold in ihren Kellern, um die Währung zu sichern, falls einmal Krisenzeiten ausbrechen. 1971 hoben die Vereinigten Staaten den Goldstandard wieder auf.

Der größte noch zu fördernde Goldschatz liegt im Grenzgebiet zwischen Saudi-Arabien und dem Roten Meer etwa 2.000 Meter tief unter dem Meeresspiegel. Das Gebiet wird von Geologen »Atlantis-II-Tief« genannt und ist ein 68 Grad heißer unterirdischer Salzsee mit vielen aggressiven Gasen. Dort am Grund des unterirdischen Sees lagern Bodenschätze wie Zink, Kupfer und Silber im Schlamm – aber auch etwa 50 Tonnen Gold. Das saudische Königshaus beansprucht das Gold für sich und hat Geologen den Auftrag erteilt, den unterirdischen Schatz zu heben.

Noch mehr Gold findet sich in der ehemaligen burmesischen Hauptstadt Rangun an der Shwedagon-Pagode. Das zu Ehren Buddhas errichtete Bauwerk leuchtet weithin sichtbar in strahlendem Gold. Allein am oberen Teil der Pagode wurden 13.000 Goldplatten mit einem Gesamtgewicht von 60 Tonnen angebracht. Weitere 8.000 reingoldene Platten zieren das Fundament. Eine burmesische Königin hatte im 14. Jahrhundert ihr Körpergewicht in Gold für die Verkleidung der Pagode gespendet. Seither ist es Tradition, dass die Königsfamilie, aber auch Menschen aus dem Volk reines Gold spenden, das dann am Bauwerk angebracht wird.

Der größte in Barren gegossene Goldschatz der Welt liegt heute auf dem Grund des Atlantiks. Er ist mehrere Milliarden Euro wert. Er versank im Jahre 1857 an Bord des Schiffes *SS Central America.* Das Schiff hatte neben Banknoten im Wert von 30.000 Pfund auch bis zu 21 Tonnen Gold geladen, die zur Stützung der durch die Wirtschaftskrise von 1857 angeschlagenen nordamerikanischen Wirtschaft bestimmt waren. Zudem waren viele kalifornische Goldsucher mit ihrem Gold an Bord. Der Untergang des Schiffes östlich von Savannah/Georgia brachte die amerikanische Regierung und die Wirtschaft erst richtig ins Trudeln. 1987 entdeckte die *Thomas G. Thompson* das Wrack mit Hilfe von Sonarmessungen und dem Einsatz von Tieftauchrobotern. Bislang wurde erst ein Teil des Goldes (etwa 13 Tonnen) geborgen. Denn 39 Versicherungen klagten und behaupteten, das Gold gehöre ihnen, weil ihre Vorläuferfirmen im 19. Jahrhundert nach dem Untergang des Schiffes Schadensersatz gezahlt hätten.

Wenn Schatzsucher Gold finden, dann gibt es eben immer Streit. So hatte 2007 ein amerikanisches Unternehmen im Atlantik 17 Tonnen Gold entdeckt und beanspruchte den Goldschatz sofort für sich. Doch 2011 entschied ein Gericht anders. Das amerikanische Schatzsucherunternehmen *Odyssey Marine Exploration* muss den aus einem Schiffswrack geborgenen Goldschatz an Spanien übergeben. Er stammte aus dem Wrack des spanischen Kriegsschiffs *Nuestra Señora de las Mercedes,* das 1804 von der britischen Marine auf der Rückkehr von Südamerika südwestlich von Portugal in spanischen Gewässern versenkt worden war. Die Firma *Odyssey* entdeckte das Wrack in 518 Metern Tiefe und brachte den Schatz nach Florida, ohne Spanien zu informieren und ohne den genauen Fundort bekanntzugeben. Man behauptete einfach, das Wrack habe sich in internationalen Gewässern befunden. Spanien hatte dagegen von Anbeginn den Verdacht, dass sich der Fundort in seinem Hoheitsgebiet befand.

Viele Menschen wissen, dass die Nazis Juden Gold geraubt haben. Wenige Menschen wissen, dass sich während und nach dem Zweiten Weltkrieg die neutralen Staaten (Schweiz, Schweden und Portugal) an dem von den Nazis geraubten Gold bereicherten: Die Reichsbank der Nazis nutzte die Nationalbanken der neutralen Staaten, um das Raubgold auf dem Weltmarkt weiterzuverkaufen. Während die Schweiz diesen Teil ihrer Geschichte aufgearbeitet hat, ruht in schwedischen und portugiesischen Staatstresoren noch immer Raubgold, das ermordeten Juden gehörte. Ebenso verheerend: Die Amerikaner haben sich nach dem Zweiten Weltkrieg nur extrem zögernd mit der Rückführung des von ihnen entdeckten Naziraubgoldes beschäftigt. Sie haben jüdischen Privatleuten nie auch nur eine Unze Feingold zurückgegeben und sogar noch bis 1952 von US-Streitkräften erbeutetes Naziraubgold (das Juden gehörte) eingeschmolzen und als amerikanisches Eigentum betrachtet. Mehrere Tonnen Gold, die heute in Form von offiziellen Goldbarren in *Fort Knox* oder Manhattan lagern, stammen nachweislich aus Münzen, Knöpfen und Schmuck, den die Amerikaner beim Einmarsch in Nazideutschland vorfanden, in den USA einschmelzen ließen und bis heute als ihr Eigentum betrachten. Einzig die Schweiz hat ihre Geschichte in diesem Punkt nach 1997 aufgearbeitet und zugegeben: Sie nahm Raubgold an, sie wies jüdische Flüchtlinge ab und rückte nach Kriegsende deren Vermögen nicht heraus. Vieles von dem Gold, das wir heute in Form von Barren, Schmuck oder Münzen in Händen halten, hat mit großer Wahrscheinlichkeit schon viele traurige Epochen der Geschichte erlebt.

Gold aus dem Nichts?

Immer wieder haben Scharlatane und Betrüger ebenso wie renommierte Forscher versucht, Gold aus dem Nichts zu schaffen. Alchemisten wollten unedle Metalle in Gold verwandeln und behaupteten immer wieder, den »Stein der Weisen« gefunden zu haben, mit dem das möglich sei. Johann Friedrich Böttger (1682 bis 1719) war ein solcher Alchemist. Nachdem er 1701 bei einer öffentlichen Demonstration (angeblich) Silbermünzen in Goldmünzen umwandelte, ließ ihn der sächsische König August der Starke nach Dresden bringen, um mit Böttgers Hilfe die klammen Staatskassen aufzufüllen. Acht Jahre lang finanzierte August der Starke dessen Experimente. Gold konnte Böttger zwar nicht herstellen – aber er erfand das Porzellan (»weißes

Gold«) und wurde Mitbegründer der Sächsischen Porzellanmanufaktur. Böttger forschte bis zu seinem Tod 1719 weiterhin daran, künstlich Gold aus dem Nichts herzustellen. Er starb an den Folgen giftiger Bleidämpfe, weil er glaubte, aus Blei Gold machen zu können.

Auch die größten Chemiker aller Zeiten versuchten sich insgeheim daran, Gold aus einfachen Substanzen zu gewinnen. Fritz Haber war ganz sicher einer der großen Chemiker dieser Welt. Ihm gelang 1908 die Ammoniaksynthese, mit der man industriell Kunstdünger herstellen konnte. Viele Menschen wissen nicht, dass eben dieser Fritz Haber nach dem Ende des Kaiserreiches im Auftrag der Weimarer Republik noch ein ganz anderes Geheimprojekt leitete: Gold aus Seewasser zu destillieren. Haber bekam 1919 den Nobelpreis für Chemie. Es war die Zeit nach dem Ersten Weltkrieg. Und Deutschland war hoch verschuldet, hatte den Krieg auf Pump geführt. Die Siegermächte forderten Reparationen – zahlbar in Goldmark. 0,358423 Gramm Gold ergaben eine Goldmark. Fritz Haber behauptete, in jeder Tonne Meerwasser gäbe es bis zu zehn Milligramm Gold. Man musste angeblich nur ein Verfahren konzipieren, um das Gold aus dem Meerwasser herauszulösen. 1920 gründete Haber die geheime »Abteilung M« in seinem Institut in Berlin. Er wollte den internationalen Goldmarkt aufmischen. Von 1922 an finanzierten die Degussa (Deutsche Gold- und Silberscheideanstalt) und die Frankfurter Metallbank seine Forschungen. Das Geheimprojekt trug den Decknamen »Seejod«. Ab 1923 entnahmen Haber und seine Mitarbeiter auf den Weltmeeren Wasserproben. Doch die Ergebnisse blieben tausendfach unter den Erwartungen. Man fand allenfalls 0,01 Milligramm, 0,055 Milligramm oder 0,008 Milligramm. Das waren frustrierende Werte. Der durchschnittliche Goldgehalt der Weltmeere lag bei nur 0,0044 Milligramm pro Tonne Salzwasser. Das Geheimunternehmen »Seejod« scheiterte 1925. Und der weltbekannte deutsche Chemiker Fritz Haber schaffte es – wie Hunderte anderer vor ihm – nicht, Gold aus dem Nichts zu erzeugen. Deutschland hatte allerdings darauf gehofft und konnte die von den Siegermächten geforderten Reparationen nicht zahlen. Der weitere verhängnisvolle Gang der Geschichte ist bekannt.

Warum Gold so selten ist

Weltweit gibt es etwa 155.000 Tonnen Gold. Das klingt auf den ersten Blick nach einer gewaltigen Menge. Es ist allerdings weniger, als weltweit in einer einzigen Stunde an Stahl produziert wird. Würde man aus dem seit Jahrtausenden auf der Welt geförderten gesammelten Gold einen einzigen Würfel gießen, dann hätte dieser eine Kantenlänge von etwa 20 Metern. Gold ist nicht beliebig vermehrbar. Pro Kopf der Weltbevölkerung gibt es nur 25,5 Gramm Gold. Das ist allerdings reine Theorie. Denn ein großer Teil des Goldes steht nirgendwo zum Verkauf. Einige Beispiele dazu: 18.000 Tonnen Gold (zwölf Prozent des geförderten Goldes) sind in Kunstgegenständen verarbeitet, stehen etwa in Sakralbauten, schmücken Christusfiguren, asiatische Pagoden und Buddhastatuen. Weitere 29.000 Tonnen (18 Prozent) lagern in den Tresoren von Notenbanken zur Absicherung einer Währung. Nur 25.000 Tonnen – also etwa 16 Prozent – sind in Form von Goldmünzen oder Goldbarren in Privatbesitz. Pro Kopf der Weltbevölkerung gibt es also in der Realität nicht die oben genannten 25,5 Gramm Gold, sondern nur 4,08 Gramm.

Während viele Menschen nicht ein Gramm Gold haben, verfügen andere über absurde Gegenstände aus purem Gold. Der kommunistische Revolutionär Lenin soll den Russen goldene Toiletten für jeden Haushalt versprochen haben – falls der Kommunismus weltweit siegen werde. Dazu kam es allerdings nicht. Doch nicht ein Kommunist, sondern ein Kapitalist gönnte sich die erste Toilette aus purem Gold: Lam Sai Wing, ein Juwelier mit Sitz in Hongkong, bezahlte im Jahre 2001 nach heutiger Währung mehr als fünf Millionen Euro für die goldene Toilette. Es war wohl ein lohnendes Geschäft. Damals stand der Goldpreis bei 270 Dollar je Feinunze, im September 2011 schon bei 1.900 Dollar. Rund 18.000 Feinunzen Gold (etwa 550 Kilogramm) wurden in Becken und Spülkasten eingebaut. Rückblickend war es wohl eine glänzende Investition.

Und sollten Außerirdische jemals Kontakt zu Erdenbewohnern aufnehmen, dann haben sie zuvor ein Stück Gold von der Erde im All gefunden. Denn die 1977 gestartete Raumsonde *Voyager* hat eine Art interstellare Grußkarte an Bord – eine Scheibe aus Gold, auf der in 55 Sprachen die wichtigsten 115 Botschaften von der Erde festgehalten sind: analoge Bilder von der menschlichen DNA-Struktur, die Spektralfarben des Lichts und Geräusche wie bellende Hunde, sprechende Menschen und galoppierende Pferde. Die *Voyager* und mit ihr die goldene Botschaft ist jetzt Milliarden von Kilometern von der Erde entfernt. Erst im Jahre 2025 werden die Signale von der *Voyager* auf der Erde nicht mehr zu empfangen sein. Und ein Stück Gold ist wahrscheinlich für immer verloren.

Die Verfügbarkeit von Gold schrumpft beständig weiter. Denn in unserer modernen technisierten Welt steigt die Nachfrage nach Gold unaufhaltsam: Die Elektronikindustrie verwendet Gold für Leiterplat ten, Steckverbindungen und Kontaktflächen. In der optischen Industrie benötigt man es zum Bedampfen von wärmereflektierendem Glas. In der Medizin braucht man es als Füll- oder Ersatzmaterial für Zähne. Und seit den zwanziger Jahren des vorigen Jahrhunderts werden Goldverbindungen auch als bewährte Basistherapie bei rheumatischen Erkrankungen verabreicht.

Weil Gold überall in unserem täglichen Leben gebraucht wird, nimmt die tatsächliche Menge trotz der jährlichen Goldförderung inzwischen ab. In jedem alten Mobiltelefon und in jedem alten Computer sind geringe Mengen von Gold. Weil Gold selten und teuer ist und in den Kontakten von Computerplatinen, in Chips, Elektroniksteckern, Relais und elektronischen Bauteilen in geringen Mengen verarbeitet wurde, um die elektronische Leitfähigkeit zu verbessern, lohnt sich heute das Recycling von Elektronikschrott. Und zwar auch noch nach Jahren. Heute werden vor Jahrzehnten angelegte Schrottplätze mit Elektroschrott wieder nach Platinen, Relais, Chips und Elektronikesteckern durchsucht – es lohnt sich immer mehr. Immerhin enthalten 41 Mobiltelefone so viel Gold wie eine Tonne Golderz. Auch Goldminen mit hohen Förderquoten wie die *Kalgold*-Mine in Südafrika, wo fünf Gramm pro Tonne Gestein gewonnen werden, wirken unrentabel gegen die alten Schätze auf Elektroschrotthalden: Es gibt weltweit viele Millionen alter Computer-Leiterplatten, die 250 Gramm Gold pro Tonne enthalten – das ist das 50-Fache einer Tonne Erz aus der südafrikanischen *Kalgold*-Mine. Und um Gold zu fördern, muss man immer tiefer unter der Erdoberfläche schürfen. In der *TauTona*-Goldmine in Südafrika schürfen die Bergleute heute bei mehr als 60 Grad Hitze (die mit hohem Energieaufwand gekühlt werden muss) in 3.900 Metern Tiefe. Der goldhaltige Elektroschrott dagegen lagert an der Erdoberfläche. Allein in China werden jedes Jahr vier Tonnen Gold mit Elektroschrott (Computer, Fernseher, Kühlschränke, Mobiltelefone) auf dem Müll entsorgt. Das entsprach im Jahr 2010 dem Gegenwert von 100 Millionen Euro.

Der Goldverbrauch wird in den kommenden Jahren weltweit steigen, auch in der Medizin. Bislang gehörten viele Infektionskrankheiten zu den Geißeln der Menschheit. Einer der Hauptgründe dafür ist die häufige Resistenz von Bakterienstämmen gegen Antibiotika. Doch Wissenschaftler arbeiten daran, Medikamente zu entwickeln, die Bakterien mit Hilfe von Gold verlässlich abtöten. Es ist erwiesen, dass Medikamente eine stärkere Wirkung auf Bakterien haben, wenn sie mit einer winzigen Menge Gold in Nanoform angereichert werden. Nach Angaben von Mikrobiologen der Londoner Universität potenzieren Goldnanoteilchen Antibiotika und verhindern Resistenzen. Es wird noch einige Jahre dauern, bis solche Antibiotika am Markt erhältlich sind. Aber auch dieses Beispiel belegt, dass Gold eine wachsende Nachfrage erleben dürfte. Schon jetzt wird Gold in Krankenhäusern eingesetzt – als antibakterielle Nanobeschichtung auf Wänden.

Warum aber legen wohlhabende Menschen auch heute noch einen Teil ihres Vermögens in Gold an? Das größte Goldlager der Welt befindet sich nicht etwa im legendären amerikanischen *Fort Knox*, sondern mitten in New York. Genauer gesagt in Manhattan in der 33 Liberty Street. Ein Drittel der weltweiten Goldreserven lagert dort in den Tresoren der amerikanischen Notenbank *(Fed)*. Auch der Großteil des Goldes der Deutschen Bundesbank lagert dort in New York.

Warum aber verliert Gold über Jahrtausende hin nicht an Wert? Die Antwort ist schnell gefunden: Wie wir schon gesehen haben, ist Gold relativ selten auf der Erde. Und der Arbeitsaufwand, um ein Gramm Gold zu fördern, ist groß. Das ist die glänzende Seite des Goldes. Man muss allerdings auch wissen, dass jede Anlage in Gold ebenso ihre Schattenseiten hat. Wer Goldschmuck beim Juwelier kauft, der kann sich an der Schönheit des Schmuckstücks erfreuen. Ganz sicher aber hat der Goldschmuck schon beim Verlassen des Geschäfts extrem an Wert verloren. Die grobe Faustregel lautet: Goldschmuck bringt im Wiederverkauf allenfalls ein Drittel des Preises, den man beim Ankauf dafür bezahlt hat. Ein Goldkettchen, das beim Juwelier 450 Euro gekostet hat, ist nach dem Verlassen des Geschäfts nur noch maximal 150 Euro wert, wenn man das gute Stück wieder verkaufen will. Denn was in den Kleinanzeigen der Tageszeitungen von Goldaufkäufern mit Texten wie »Gold wird Bargeld« oder »Sofort Bargeld für Ihr Gold« beworben wird, ist bei näherer Betrachtung der reine Goldwert, der beim Einschmelzen erzielt wird. Die Schönheit eines geerbten Schmuckstücks interessiert dann niemanden mehr. Man kann also als Goldkäufer – etwa in einem Schmuckgeschäft – als Laie sehr schnell sehr viel Geld verlieren. Zudem ist der Preis des Goldes nicht stabil. In Krisenzeiten steigt er steil in die Höhe, in wirtschaftlich rosigen Zeiten fällt er stark. Wer anstelle von Goldschmuck Goldmünzen oder Barren in Krisenzeiten zu hohen Preisen mit der Absicht kauft, bei weiter steigenden Preisen auch noch Gewinne zu machen, der kann genauso gut im Sommer Streusalz kaufen und auf einen extrem kalten Winter und Engpässe bei der Streusalzversorgung hoffen – er ist ein Spekulant, der viel verlieren kann. Um es also gleich vorwegzunehmen: Ein seriös denkender verantwortlicher Mensch sollte Gold niemals kaufen, um damit Gewinne zu machen. Gold ist nur für jene Menschen sinnvoll, die einen Wert über längere Zeit (ohne Gewinnabsichten) bewahren wollen.

Der bekannteste Zukunftsforscher der Welt heißt Gerald Celente. Der Italo-Amerikaner hat es mit seinem weltweit geachteten Team von seriösen Zukunftsforschern nach vielen Jahrzehnten Arbeit zu Wohlstand gebracht. Celente wurde im Jahr 2009 gefragt, wie er finanziell für die Zukunft vorsorge. Die erstaunliche Antwort des Italo-Amerikaners lautete, er habe achtzig Prozent seiner Ersparnisse in physischem

Gold (Münzen und Barren) angelegt. Ein durchschnittlicher Deutscher, Schweizer oder Österreicher hat demgegenüber allenfalls drei Prozent seiner Ersparnisse in physischem Gold angelegt.

Gold ist auch Jahrtausende nach seiner erstmaligen Verwendung als Wertgegenstand heute immer noch als Währungssicherung unentbehrlich auf der Welt. Und Gold ist heute nach wie vor eine der wichtigsten Wert- und Kapitalanlagen. Als die Familie des tunesischen Diktators Ben Ali im Januar 2011 über Nacht aus ihrer Heimat fliehen musste, da hätte sie mühelos Koffer voller Papiergeld in ihr Flugzeug laden können. Stattdessen nahm sie Goldbarren – insgesamt 1,5 Tonnen – aus den Tresoren der Zentralbank des Landes. Je schlechter die Zeiten sind, umso stärker widmet sich auch die Politik wieder dem Wert des Goldes. Bobby Franklin, ein republikanischer Abgeordneter aus dem amerikanischen Ostküsten-Bundesstaat Georgia, forderte nach dem Beginn der schweren Weltwirtschafts- und Finanzkrise ein Gesetz, wonach alle Amerikaner ihre Steuerschulden nur noch mit Gold- und Silbermünzen bezahlen dürfen sollen. Wenn ein solches Gesetz in den USA jemals beschlossen wird, dann ist eines klar: der Goldpreis wird rasant in die Höhe schnellen, denn die Bürger müssen sich dann mit Gold eindecken. Und zwar unabhängig von dessen Preis.

In Zeiten wirtschaftlicher Not müssen Regierungen mitunter gewaltige Schulden machen. Wie seit Jahrtausenden werden sie heute wieder mit Gold abgesichert – nur erfährt die Öffentlichkeit davon häufig nichts. Vielleicht erinnern Sie sich noch an die Rettungspakete im Falle der Pleite-Griechen. Da forderte Finnland im Jahre 2011 im Gegenzug für finnische Euro-Hilfen an Athen ein Pfand: das Gold der griechischen Zentralbank. Was bei vielen europäischen Regierungen Entsetzen auslöste, hatte allerdings innerhalb Europas historische Vorbilder. Ein Beispiel: Im Frühjahr 1974 standen die Italiener vor dem Staatsbankrott. Damals gab es noch nicht die Europäische Union, sondern deren Vorläufer EG (Europäische Gemeinschaft). Deutschland, neben den Italienern ebenfalls EG-Mitglied, bot Rom zwei Milliarden Dollar Finanzkredit an. Doch der damalige SPD-Bundeskanzler Helmut Schmidt forderte als Pfand 515 Tonnen Gold, die die italienische Zentralbank der Deutschen Bundesbank überlassen musste, bis die Italiener den Kredit zurückbezahlt hatten. Zunächst bekamen die Deutschen das Gold der Italiener nur für sechs Monate, dann wurde der Vertrag alle zwei Jahre verlängert. In Deutschland hat man das längst vergessen. Und die deutsche Bundeskanzlerin Angela Merkel (CDU) lehnte es 2011 empört ab, die den Griechen aus Deutschland überwiesenen Euro-Rettungsmilliarden durch Gold absichern zu lassen.

Im Gegensatz zu vielen anderen Wertgegenständen kann Gold nicht verrotten. Das gelbe Metall rostet nicht (oxidiert nicht) und ist gegen Chemikalien wie Laugen und Säuren beständig. Schon früh haben Menschen erkannt, wie leicht man das Metall bearbeiten kann. Ein Beispiel: Ein Gramm Gold reicht aus, um daraus einen Draht auf 150 Meter Länge zu ziehen. Die geringe Härte und die große Dehnbarkeit wissen Menschen seit Jahrtausenden bei der Schmuckherstellung zu schätzen.

Prognosen zur Entwicklung des Goldpreises

Jeder Verkäufer möchte sein Produkt verkaufen. Vor diesem Hintergrund sollten Sie Prognosen von Goldverkäufern keinesfalls trauen. Im Zweifelsfall liegen alle Prognosen falsch. Man konnte das gut im September 2011 sehen. Anfang September erreichte Gold einen Höchstpreis von mehr als 1.900 Dollar – und viele prognostizierten einen Tag für Tag steigenden Goldpreis. Doch der Goldpreis hielt sich nicht an die Prognose. Er fiel Mitte September allein in einer Woche um rund 20 Prozent. Ende September 2011 stand er dann bei rund 1.600 Dollar. Der Goldpreis verlor innerhalb von nur drei Handelstagen 14 Prozent, beim Silberpreis lag das Minus in diesem Zeitraum sogar bei 34 Prozent. Einen derartig hohen Verlust hatte es bei Gold zuletzt 1981 gegeben – vor drei Jahrzehnten. Zur gleichen Zeit passierte etwas Außergewöhnliches: Die Menschen kauften in Massen Gold. Und das, obwohl der Preis rasant verfiel. Viele überregional tätige deutsche Goldhändler melden Anfang Oktober 2011 Lieferengpässe wie nach der *Lehman-Bank*-Pleite 2008. Goldbarrenproduzenten wie *Heraeus* mussten Extraschichten einlegen, und bei der ReiseBank AG ging zeitweise der Krügerrand aus. Nicht anders in Österreich: Dass das Geschäft boomte, zeigte dort der Umsatz der Schoeller Münzhandel GmbH. 2004 waren es 24,7 Millionen Euro, die allein bei dem kleinen Unternehmen in Gold getauscht wurden; 2008 bereits 246,7 Millionen Euro und 2010 mit 438,5 Millionen Euro doppelt so viel. Und dieser Trend hält eben auch in Österreich an.

Während die einen Edelmetallhändler davon ausgingen, dass der Goldpreis weiter fallen würde, prognostizierten andere einen steilen Anstieg auf mehr als 6.000 Dollar pro Feinunze binnen kurzer Zeit. Die Absurdität solcher Aussagen ist offenkundig – es geht manchen eben nur darum, möglichst schnell und möglichst viel Gold zu verkaufen. Klar ist: Der Goldpreis steigt keinesfalls unaufhörlich. Im Gegenteil: Es gibt immer wieder einmal auch große Kursschwankungen und Verluste. Diese treten dann plötzlich (aber keineswegs unerwartet) auf, wenn Menschen, die in Gold investiert haben, plötzlich Barmittel benötigen und sich aus physischem Gold zurückziehen. Das war bei der Pleite der *Lehman-Bank* im Herbst 2008 so (da fiel der Goldpreis um mehr als 20 Prozent) und das war auch so Ende September 2011, als klar wurde, dass die Finanzmittel des Internationalen Währungsfonds (IWF) und der Europäischen Zentralbank (EZB) nicht ausreichen würden, um alle bankrotten Eurostaaten zu retten. Es wurden Barmittel gebraucht – und der Goldpreis fiel (vorübergehend). Am inneren Wert des Goldes hat das allerdings langfristig ganz sicher nichts geändert.

Man muss also einige Fakten zur Goldpreisentwicklung kennen, wenn man möglicherweise Gold kaufen will. Wie wir schon gesehen haben, hat Gold in Tausenden von Jahren seinen Wert behalten. Wie aber kann man die Entwicklung des Goldpreises als Nichtgoldfachmann für die Zukunft mit großer Treffergenauigkeit vorhersagen? Das ist sehr einfach, wenn man sich gedanklich vollkommen von allen Werbeaussagen der Goldanbieter löst.

Der Goldpreis wird an den freien Börsen der Welt durch Angebot und Nachfrage ermittelt. Nur ein sehr kleiner Prozentsatz des Goldvolumens, das täglich an den internationalen Edelmetallbörsen gekauft und verkauft wird, hat tatsächlich einen warenwirtschaftlichen Hintergrund. Die größten Teile des Handelsvolumens sind reine Finanzgeschäfte. Der Goldpreis wird an den Börsen für die Feinunze (31,104 Gramm) bestimmt. Damit lassen sich über den Feinunzenpreis die Preise für alle anderen Gewichte errechnen.

Schaut man sich die bedeutendsten goldproduzierenden Länder der Welt und deren Jahresproduktion genauer an, dann sagt die Fördermenge in Wahrheit absolut nichts über den künftigen Goldpreis aus, solange man diese nicht mit anderen Bezugsgrößen in Verbindung sieht. Eine der wichtigsten Bezugsgrößen ist die Zahl der Menschen auf der Erde. Wenn eine jährliche Goldproduktion allenfalls von Jahr zu Jahr um wenige Hundert Tonnen schwankt, die Zahl der Menschen auf der Erde (potenzielle Käufer) aber im gleichen Zeitraum stark ab- oder zunimmt, dann hat man für eine in etwa gleichbleibende Angebotsmenge weniger oder mehr Käufer und damit einen höheren oder tieferen Preis. Im Klartext: Solange die Zahl der Menschen auf der Erde stark steigt, die jährlich geförderte oder recycelte Goldmenge aber in etwa gleich bleibt (oder gar rückläufig ist), kann es keinen extremen Wertverlust bei Gold geben. Denn Angebot und Nachfrage bestimmen den Preis. Zwischen 1960 und 2010 stieg die Goldproduktion um den Faktor 2,1 und die Zahl der Menschen auf der Erde um den Faktor 2,2. Pro Kopf der Weltbevölkerung wurde also 2010 in etwa die gleiche Menge Gold gefördert wie 1960. Pro Kopf der Weltbevölkerung wurden 2010 etwa 0,36 Gramm Gold gefördert. Das entspricht dem Durchschnitt der letzten hundert Jahre (pro Kopf der Bevölkerung 0,37 Gramm). Es ist unstrittig, dass die Zahl der Menschen auf der Erde weiter stark steigen wird. Nach den Berechnungen der Vereinten Nationen soll die Weltbevölkerung sich im Jahre 2020 auf 7,2 Milliarden Menschen belaufen und 2030 sogar eine Größenordnung von etwa 8,2 Milliarden Menschen erreichen. Das heißt, dass 2020 eine jährliche Goldproduktion von 2.803 Tonnen und 2030 von 3.034 Tonnen notwendig sein würde, um die Nachfrage nach Gold auf dem Jahresdurchschnitt von 0,37 Gramm der letzten hundert Jahre zu halten. Klar ist jedoch, dass man immer tiefer in die Erde gehen muss, um überhaupt noch Gold zu finden. Und es ist absehbar, dass das Niveau der derzeitigen Jahresförderung kaum auf Dauer gehalten werden kann. Die qualitativ hochwertigen Goldreserven mit einer Ausbeute von drei oder mehr Gramm je Tonne gefördertem Gestein gehen immer weiter zurück. Zwar hat 2011 ein kanadischer Konzern in Guayana in einer neuen Lagerstätte 5,2 Gramm Gold pro Tonne Gestein nachgewiesen. Doch häufig liegen neue und ergiebige Vorkommen in politisch unruhigen Gebieten. Um das Gold überhaupt abbauen zu können, muss man viel Geld in Sicherheit und Schutz durch paramilitärische Kräfte investieren. Die Vorteile einer auf den ersten Blick günstigen Lagerstätte sind dann schnell dahin.

Zwischen dem absehbaren Anstieg der Weltbevölkerung und dem tatsächlichen Goldangebot wird es somit künftig eine immer größere Lücke geben. Das wird von keinem Fachmann bestritten. Wer also heute Gold kauft, um einen bestimmten Wert an eine nachfolgende Generation (etwa an die Kinder) weiterzureichen, der kann sich sehr sicher sein, dass der heutige Gegenwert auch in Jahrzehnten noch Bestand haben wird. Langfristig wird der Goldpreis also nach menschlichem Ermessen jenen Wert behalten, den es zum Kaufzeitpunkt hatte.

Ganz anders sieht es aus, wenn man kurzfristig denkt. Alle Prognosen, die Ihnen suggerieren, der Goldpreis steige oder sinke innerhalb von drei, sechs oder zwölf Monaten um den Betrag X, sind nichts als reine Spekulation. Nicht einer jener »Fachleute«, die ständig kurzfristige Prognosen über die Entwicklung des Goldpreises abgeben, ist seriös. Aus einem ganz einfachen Grund: Es gibt nicht einen solchen Fachmann, der selbst auf seine Prognosen vertraut und damit wirklich reich geworden wäre. Jene, die kurzfristige Prognosen abgeben, leben vielmehr davon, dass sie sich äußern. Entweder tun sie das als Angestellte im Auftrag einer Bank oder eines Edelmetallhändlers, oder sie handeln selbst mit Gold.

Lassen Sie sich von den nachfolgenden Fakten überzeugen und vertrauen Sie keiner kurzfristigen Prognose zum Goldpreis. Fachleute prognostizierten in einem kurzen Zeitraum den künftigen Goldpreis in einer Bandbreite zwischen 500 und 4.000 Dollar – je nachdem, wen man fragte. Schauen wir uns einige der Prognosen an, um die Absurdität solcher Aussagen zu erkennen:

Als der Goldpreis im Dezember 2010 bei 1.400 Dollar je Feinunze stand, da prognostizierte der renommierte amerikanische Ökonom James Turk für die nächsten Monate:

»Für eine Unze des gelben Edelmetalls wird man bald 3.500 Dollar zahlen.« Die Realität: Der Goldpreis stieg von Dezember 2010 bis August 2011 von 1.400 auf 1.800 Dollar.

Schauen wir uns weitere gewagte Prognosen von »Fachleuten« zum Goldpreis an – die Aussagen haben eine Bandbreite von 500 bis 4.000 Dollar:

Hedgefondsmanager John Paulson verdiente im Zuge der Finanzkrise 3,7 Milliarden Dollar, indem er rechtzeitig auf den Zusammenbruch des US-Häusermarktes wettete. Er sagte im Dezember 2010, als der Goldpreis 1.400 Dollar pro Feinunze betrug, in Hinblick auf die nächsten Monate: »Die Feinunze Gold wird auf 2.400 Dollar steigen. Sollte der Goldpreis überschießen, so wie in der letzten Goldhausse 1980, wären auch 4.000 Dollar denkbar.« Der Mann lag im Herbst 2010 völlig falsch.

Der vermeintliche Goldfachmann Doug Kass von *Seabreeze Partners* sagte im Dezember 2010: »Ich sehe Anzeichen für eine Goldblase. Seit einigen Monaten bekomme ich mehr Spammails zu Goldkäufen als zu Viagra und Penisverlängerungen. Der Goldpreis dürfte volatiler werden und könnte in diesem Jahr innerhalb von vier Wochen um 250 Dollar einbrechen.« Und für das Jahr 2011 prognostizierte der ehemalige Chefvolkswirt der HypoVereinsbank, Martin Hüfner, im Dezember 2010: »Der Goldpreis fällt von 1.400 Dollar je Feinunze auf 500 Dollar. Es entsteht eine Panik unter den Goldbesitzern. Sie versuchen auf Teufel komm raus ihre Bestände an dem gelben Metall zu verkaufen. Es zeigt sich, dass Gold nicht nur ein Schutz gegen Krisen sein kann, sondern auch selbst Krisen auslöst.« In der Realität passierte genau das Gegenteil – der Goldpreis stürzte nicht um zwei Drittel ein, er erreichte im August 2011 zum ersten Mal in der Geschichte den Rekordwert von 1.900 Dollar. Zwar fiel er danach für einige Wochen, stieg aber sogleich wieder an.

Solche »Experten« beeinflussen die Entscheidungen von Anlegern, in Gold zu investieren oder dieses zu verkaufen. Wie wir gesehen haben, stimmte nicht eine der Prognosen. Aber eines ist sicher: Viele Menschen vertrauen auch weiterhin solchen »Experten«. Lassen Sie sich also niemals von der Prognose eines »Experten« beeinflussen. Schließlich ist es Ihr Geld, das Sie im Zweifelsfalle verlieren.

Der renommierte Wirtschaftsnobelpreisträger Paul Krugman ist bei Prognosen zurückhaltend. Er hat in Hinblick auf den künftigen Goldpreis Ende 2011 allerdings eine Aussage gemacht, die nachdenkenswert ist: Wie Krugman in seiner Kolumne in der *New York Times* schrieb, sei der Goldpreis in den letzten Jahren nicht auf Basis von Inflationsängsten in die Höhe geschossen. Die meisten Marktteilnehmer seien zwar dieser Ansicht, so Krugman. Gold sei jedoch aufgrund deflationären Drucks und viel zu niedriger Zinsen für Investoren attraktiv als Alternativinvestment geworden. Im Zuge niedriger Leitzinsen mache es durchaus Sinn, Gold anzuhäufen und es für zukünftige Zwecke als Wert aufzubewahren. Kurzfristig bis mittelfristig werde sich dies in höhere Goldpreise übersetzen, wie Krugman in seiner *New-York-Times*-Kolumne ergänzte. Während der Wirtschaftskrise nach 2008 sei der Preis des Goldes nur deshalb gestiegen, weil die zuvor erwarteten Renditen auf andere Investments gesunken seien. Der Grund sei also in Wahrheit keinesfalls die Inflation. Steigende Goldpreise seien in Wahrheit nicht ein verlässlicher Indikator für eine anziehende Inflation, sondern sie seien in der Realität das Ergebnis einer anhaltend am Boden liegenden Wirtschaft, die in einer Liquiditätsfalle fest stecke – einer Wirtschaft, der eine Deflation bevorstehe. Je mehr »Fachleute« man zum Thema Gold befragt, desto größer die Bandbreite der erstaunlichen Antworten.

All jene, die mit Gold schnell reich werden wollen, sollten sich an die vor 2.600 Jahren vom griechischen Fabeldichter Äsop verfasste Fabel von der Gans mit dem goldenen Ei erinnern: »Es war einmal ein armer Bauer. Eines Tages fand er im Nest seiner Lieblingsgans ein schweres, gelb glänzendes Ei. Erst dachte er, man hätte ihm einen Streich gespielt. Als er es dann doch schätzen ließ, stellte sich heraus, dass das Ei aus reinem Gold war! Der Bauer konnte sein Glück kaum fassen. Tag für Tag legte die Gans ihm ein neues goldenes Ei. Der Bauer verkaufte die goldenen Eier und wurde schnell sehr reich. Dabei wurde er immer gieriger und ungeduldiger. Schließlich beschloss er, die Gans zu schlachten, um sofort an alle Eier auf einmal heranzukommen. Als er die Gans geschlachtet hatte, war der Bauch leer. Jetzt hatte der Bauer eine tote Gans, die keine goldenen Eier mehr legen konnte.«

Welche Richtung wird der Goldpreis also wirklich einschlagen? Werden Sie doch einfach selbst zum Goldfachmann. Zunächst muss man bei der Beantwortung der Frage, welche Richtung der Goldpreis künftig einschlagen wird, immer die aktuelle und künftige Weltwirtschaftslage berücksichtigen. Setzen wir diese in Relation zum jeweils aktuellen Goldpreis, dann wird die Perspektive klarer. Nehmen wir nur den Monat September 2011. In jenem Monat hatte die Eurozone 32 Billionen Euro Schulden. Nein, das ist kein Druckfehler: 32 Billionen Euro. Auf diese Summe kam man, wenn man die Staatsschulden aller damals 27 Eurostaaten, die Schulden der Privatbürger und der europäischen Banken addierte. Im Klartext: Es handelt sich um die Zahl 32 mit zwölf angehängten Nullen. Jeder handelsübliche Taschenrechner, in den man diese Summe eingeben möchte, zeigt im Display nur die Aussage »Error« (Fehler). Behalten wir im Hinterkopf, dass an jedem Tag eines Jahres weltweit weniger als sieben (!) Tonnen Gold gefördert werden. Der Gegenwert des täglich geförderten Goldes betrug im September 2011 etwa 300 Millionen Euro. Von den 32 Billionen Euro Schulden im Euroraum waren zum gleichen Zeitpunkt etwa ein Drittel Staatsschulden (etwa elf Billionen Euro), für welche die Euroländer (also die Steuerzahler) täglich 764 Millionen Euro neue Schulden aufnehmen müssen, um bei einem angenommenen Zinssatz von drei Prozent auch nur die Zinsen zurückzahlen zu können. Pro Stunde mussten in der Eurozone im September 2011 demnach rund 32 Millionen Euro neue Schulden gemacht werden, um Zinsen zurückzahlen zu können. Man sieht daran leicht, wie sich (ungesichertes) Papiergeld rasend schnell vermehrte. Vor allem: Den täglich nur in der Eurozone für Zinszahlungen aufgenommenen 764 Millionen Euro stand ein täglich produzierter Goldwert von 300 Millionen Euro gegenüber. Wer vor diesem Hintergrund von einer »Goldblase« sprach oder vom bevorstehenden völligen Crash des Goldpreises, der hat die Grundzüge des freien Marktes wohl nicht einmal ansatzweise verstanden. Man kann es auch noch deutlicher formulieren: Allein die Staatsschulden der Eurozone (ohne Schulden von Banken und Privaten) hatten 2011 den Gegenwert von 7,3 Milliarden Unzen Feingold (221.000 Tonnen). Wer dieses Buch bisher aufmerksam gelesen hat, der weiß allerdings: Weltweit gibt es nur etwa 155.000 Tonnen Gold. Wenn alles Gold der Welt im September 2011 nicht ausgereicht hätte, um auch nur die Staatsschulden (also ein Drittel der 32 Billionen Schulden der Eurozone) zurückzuzahlen – würde der Goldpreis dann mittel- und langfristig steigen oder fallen, wenn immer mehr Menschen auf der Welt das erkennen?

Als die Finanz- und Wirtschaftskrise immer verheerender wurde, da forderten immer mehr Wirtschaftsfachleute die Rückkehr zum Goldstandard. Vom Weltbankchef Robert Zoellick bis zu Steve Forbes, Verlagsmillionär und vormals US-Präsidentschaftskandidat, fordern immer mehr Ökonomen seither die Rückkehr zum Goldstandard, an dem sich die Währungen orientieren müssten. Was aber ist damit gemeint?

Der Goldstandard

Mit der industriellen Revolution stieg im 18. Jahrhundert der Handel sprunghaft an. Um mit exportierten Waren handeln und zwischen verschiedenen Ländern ohne Kuriere Geld austauschen zu können, wurden Zentralbanken gegründet. Diese mussten sich untereinander natürlich darauf verlassen können, dass Schuldscheine und Papiergeld jederzeit auf Wunsch der Kunden in Gold umgetauscht wurden. Nur so konnte man verhindern, dass eine Zentralbank immer mehr Geld druckt, ohne dass dahinter ein konkreter Wert stand. Der von 1870 bis zum Ersten Weltkrieg vorherrschende Goldstandard war nichts anderes als ein Währungssystem. Die Hauptaufgabe der neu gegründeten Zentralbanken bestand damals in der Einlagerung von Goldreserven, die jederzeit verfügbar waren, um die Währung in einem Land zu decken. Der Erste Weltkrieg zerstörte den Goldstandard. Denn mit Kriegsausbruch vertraute kein Kunde mehr auf die Beständigkeit von Papiergeld und Schuldscheinen – das Gold der Zentralbanken wurde zur wichtigsten Ressource für die Finanzierung der Kriegswirtschaft. Die kriegführenden Länder verhängten nicht nur Goldexportverbote, sie befreiten ihre Zentralbanken auch von der Verpflichtung, das in Umlauf gebrachte Geld durch eingelagertes Gold abzusichern. Die Folgen waren Inflation und Hyperinflation. Wenige Jahre später geriet der Goldstandard mit der Weltwirtschaftskrise 1929, der Bankenkrise 1931 und dem Zweiten Weltkrieg abermals unter Druck.

Im Jahre 1933 wurde amerikanischen Privatbürgern der Goldbesitz verboten (und erst nach 1971 wieder zugelassen). Ein Jahr vor Kriegsende lagerten siebzig Prozent der Weltgoldreserven in den Vereinigten Staaten. Die Waffenverkäufe und Rüstungskredite hatten die USA zum weltweit größten Gläubiger gemacht. Einst wohlhabende Länder wie Großbritannien wurden Schuldner der Amerikaner. Als neues Weltwährungssystem wurde dann das *Bretton-Woods-System* eingeführt, benannt nach dem Ort, an dem viele Siegermächte schon 1944 im amerikanischen Bundesstaat New Hampshire beschlossen hatten, dass es nach dem Krieg feste und mit Gold abgesicherte Wechselkurse geben würde. Alle Zentralbanken waren demnach gegenüber anderen Zentralbanken verpflichtet, eine Währung (also Papiergeld) gegen Gold zu einem festen Kurs von 35 Dollar pro Feinunze einzutauschen. Als Überwachungsinstanz wurde der Internationale Währungsfonds (IWF) geschaffen. Auch die neu gegründete Weltbank war eine Kontrollinstanz des *Bretton-Woods-Abkommens.* Es gab also ein festes Tauschverhältnis zwischen Dollar und einer Feinunze (31,104 Gramm) Gold.

In den sechziger Jahren des letzten Jahrhunderts hatten die USA dann ein immer größeres Leistungsbilanzdefizit. Die Goldreserven der Amerikaner schmolzen, weil vor dem Hintergrund des Vietnamkriegs die US-Rüstungsausgaben immer höher stiegen. Seit 1970 war die ausgegebene Dollarmenge nicht mehr von in den USA eingelagertem Gold gedeckt. Das Vertrauen in die Zahlungsfähigkeit der amerikanischen Regierung schwand. Am 15. August 1971 stoppte der damalige amerikanische Präsident Richard Nixon die Umtauschbarkeit des Dollar in Gold. Das System fester Wechselkurse zwischen den einzelnen Währungen brach in den folgenden Monaten auseinander. 1973 wurde das *Bretton-Woods-Abkommen* auch offiziell außer Kraft gesetzt. Die Wechselkurse wurden freigegeben. Es gibt seither keine Anbindung der Währungen mehr an Gold.

Auf die Wiederzulassung von Gold in Privatbesitz amerikanischer Bürger folgte ab 1971 die Goldpreisexplosion: Der Wert stieg von 35 Dollar je Feinunze 1971 auf 850 Dollar in den achtziger Jahren und mehr als 1.900 Dollar im Jahre 2011. Im Jahr 2010 forderte der Weltbankchef Robert Zoellick ein neues Währungssystem mit einem neuen Goldstandard für die Währungen Dollar, Euro, Yen, Pfund und Yuan, bei denen der Goldpreis künftig wieder als Referenzwert für Inflation oder Deflation dienen sollte. Auch aus der Sicht des Deutschland-Chefvolkswirts von *Barclays Capital,* Thorsten Polleit, hätte der Goldstandard für Anleger viele Vorteile. Er sagt: »Anleger hätten mit Gold ein recht verlässliches Geld, das nicht beliebig durch politische Eingriffe vermehrt werden kann, was in der Vergangenheit ja immer wieder zu Inflation geführt hat. Schon heute steht es den Anlegern offen, sich durch Goldkauf gegen Inflation zu schützen, die durch die Geldmengenausweitung der Zentralbanken entstehen kann.«

Wenn eine Währung an den Goldstandard geknüpft wird, dann kann es die großen Spekulationsblasen, die zur Wirtschafts- und Finanzkrise nach 2007 führten, nicht in großem Ausmaß geben. Denn das Kreditgeld ist dann an einen realen Wert (Gold) gekoppelt. Und es kann nur so viel Kreditgeld ausgegeben werden, wie durch Gold in den Tresoren abgesichert ist. Zugleich, so ein weiteres Argument der

Befürworter einer Rückkehr zum Goldstandard, würden der Politik der amerikanischen Notenbank *(Federal Reserve Bank),* der Europäischen Zentralbank (EZB) und anderer Notenbanken durch den Goldstandard Grenzen gesetzt. Denn die Macht der Zentralbanken und die damit verbundenen Risiken bei einer falschen Geldpolitik wären geringer. Die Zentralbanken könnten nicht mehr nach Belieben Geld drucken, denn sie müssten jeden gedruckten Papiergeldschein mit Gold in ihren Tresoren absichern.

Doch die Rückkehr zum Goldstandard fand vor dem Hintergrund der Turbulenzen an den Weltfinanzmärkten etwa ab 2011 durch eine »Abstimmung der Anleger mit den Füßen« statt: Gold gilt nach wie vor als sicherer Anlagehafen in Krisenzeiten.

Wissenschaftler haben 2010 berechnet, dass auf der Welt nur noch etwa 45.000 Tonnen Gold abgebaut werden können. Das entspricht einer Restabbaudauer der Goldreserven von maximal 30 Jahren. Mit den heutigen technischen Möglichkeiten kann man dann zwar weiter Gold recyceln und zurückgewinnen, aber keine größeren Mengen an weiterem Gold mehr fördern. Man müsste zu tief in das Erdinnere vordringen oder Lagerstätten abbauen, bei denen der Goldanteil pro Tonne Sand oder Gestein extrem gering ist. Das aber wird aus heutiger Sicht noch für viele Jahrzehnte unrentabel sein.

Ohne Gold keine Freiheit?

Kein Mensch kann alle Bücher lesen, die auf der Welt zum Thema Gold erschienen sind. Und deshalb sind viele Menschen, die sich über Gold informieren, verunsichert, weil die Bandbreite der Meinungen zu Gold so groß ist wie die Zahl der sich zum Gold äußernden Autoren. Der 1926 in New York geborene amerikanische Wirtschaftswissenschaftler Alan Greenspan ist kein ausgewiesener Goldfachmann. Und er ist unverdächtig, den Goldpreis in irgendeiner Form beeinflussen zu wollen. Greenspan war von 1987 bis 2006 Chef der amerikanischen Notenbank *Federal Reserve.* Wenn er vor die Mikrofone trat und sich zur Finanzpolitik äußerte, dann hielten überall in der Welt Banker, Aktionäre und Staatschefs den Atem an. Der mächtigste Notenbanker der Welt, ein bekennender Atheist und Kapitalismuskritiker, galt lange Zeit auch als mächtigster Mann der Welt. Eben dieser Greenspan hat allen Kleinanlegern der Welt frei von persönlichen Interessen den Rat gegeben, einen Teil des Ersparten in Gold anzulegen. Er verfasste dazu einen Aufsatz, »Gold und wirtschaftliche Freiheit«, den jeder an Gold Interessierte kennen sollte. Die darin enthaltenen Ausführungen von Greenspan sind zeitlos. All jene, die in einem Sozial- oder Wohlfahrtsstaat leben, sollten die folgenden schonungslos offenen Ausführungen des lange Zeit mächtigsten Mannes der Welt zum Gold, dessen Wert, zum Goldstandard und zur Beziehung von Freiheit und Gold kennen:

Die Feindschaft gegen den Goldstandard in jeglicher Form durch eine wachsende Zahl von Wohlfahrtsstaat-Befürwortern wurde von einer ganz anderen Einsicht verursacht – nämlich der Erkenntnis, dass der Goldstandard unvereinbar ist mit chronischen Haushaltsdefiziten (dem Kennzeichen von Wohlfahrtsstaaten). Wenn man den Schleier der akademischen Phraseologie einmal wegzieht, erkennt man, dass der Wohlfahrtsstaat nichts weiter als ein Mechanismus ist, mit welchem der Staat das Vermögen der produktiven Mitglieder einer Gesellschaft konfisziert, um damit zahlreiche Wohlfahrtsprojekte zu finanzieren. Ein großer Teil der Vermögenskonfiskation erfolgt in Form von Steuern. Aber die Wohlfahrtsbürokraten erkannten, dass die Steuerlast begrenzt werden musste, wenn sie an der Macht bleiben wollten. Ihre Alternative war massive Staatsverschuldung, das heißt, sie müssen durch das Auflegen von Staatsanleihen Geld borgen, um damit die enormen Wohlfahrtsausgaben zu finanzieren. Unter einem Goldstandard wird die Menge an Kredit, den eine Wirtschaft verkraften kann, von den realen Sachwerten der Wirtschaft begrenzt, weil jeder Kredit letztlich ein Anspruch auf einen realen Sachwert ist. Aber Staatsanleihen sind nicht durch reale Sachwerte unterlegt, sondern nur durch das Regierungsversprechen, aus künftigen Steuereinnahmen zu bezahlen. Sie können daher nicht so ohne weiteres von den Finanzmärkten aufgenommen werden. Eine große Menge neuer

Staatsanleihen kann der Öffentlichkeit nur zu ständig steigenden Zinssätzen verkauft werden. Deshalb ist die mögliche staatliche Schuldenaufnahme unter einem Goldstandard sehr begrenzt. Die Abschaffung des Goldstandards ermöglichte es den Verfechtern des Wohlfahrtsstaates, das Bankensystem für eine unbegrenzte Kreditausweitung zu missbrauchen. In Form von Staatsanleihen erzeugten sie Papiervermögen, welches die Banken, nach einem komplizierten Verfahren, wie Realvermögen als Sicherheit akzeptieren, gleichsam als Ersatz für das, was früher eine Einlage in Gold war. Der Inhaber einer Staatsanleihe oder eines auf Papiergeld gegründeten Bankguthabens glaubt, dass er einen gültigen Anspruch auf reale Werte hat. In Wirklichkeit sind aber mehr Ansprüche auf Realwerte im Umlauf, als Realwerte vorhanden sind. Das Gesetz von Angebot und Nachfrage lässt sich nicht aufheben. Wenn das Angebot an Geld (Ansprüchen) im Verhältnis zum Angebot von realen Gütern in der Wirtschaft steigt, müssen die Preise unweigerlich steigen. Das heißt, Erträge, die von den produktiven Teilen der Gesellschaft erspart wurden, verlieren in Gütern ausgedrückt an Wert. Unter dem Strich der Bilanz ergibt sich dann, dass dieser Verlust genau den Gütern entspricht, die von der Regierung zu Wohlfahrts- und anderen Zwecken erworben wurden mit dem Geld aus Staatsanleihen, die über eine Kreditexpansion der Banken finanziert wurden. Ohne Goldstandard gibt es keine Möglichkeit, Ersparnisse vor der Enteignung durch Inflation zu schützen. Es gibt dann kein sicheres Wertaufbewahrungsmittel mehr.

(…) Die Finanzpolitik des Wohlfahrtsstaates macht es erforderlich, dass es für Vermögensbesitzer keine Möglichkeit gibt, sich zu schützen. Dies ist das schäbige Geheimnis, dass hinter der Verteufelung des Goldes durch die Verfechter des Wohlfahrtsstaates steht. Staatsverschuldung ist schlicht und ergreifend ein Mechanismus für die »versteckte« Enteignung von Vermögen. Gold verhindert diesen heimtückischen Prozess. Es schützt Eigentumsrechte. Wenn man das erst einmal begriffen hat, ist die Feindschaft der Wohlfahrtsstaatsverfechter gegen den Goldstandard nicht mehr schwer zu verstehen.

Warum es kein Goldverbot geben wird

Immer wieder kursieren in den Medien oder im Internet Gerüchte, wonach es möglicherweise ein Goldverbot geben könnte. Das verunsichert viele Bürger. Nun macht ein regional begrenztes Goldverbot ja keinen Sinn: die Menschen würden Gold dann eben außerhalb dieser Verbotszone kaufen oder verkaufen. Ein Goldverbot beispielsweise nur in Deutschland oder Österreich ist also innerhalb einer freien EU nicht denkbar. Es ist also klar, dass jeder Politiker, der in der Theorie über ein Goldverbot nachdenkt, ein solches Verbot nicht nur innerhalb aller EU-Staaten, sondern zusätzlich auch in der Schweiz durchsetzen müsste. Sonst könnte man ja Gold in der Schweiz an- oder verkaufen. Selbst wenn also alle EU-Staaten einem Goldverbot zustimmen würden, müsste dann zusätzlich die Schweiz eine Volksabstimmung durchführen. Und die Schweizer würden wohl kaum für ein Goldverbot stimmen, denn Schweizer halten überdurchschnittlich viel Gold in Privatbesitz. Zudem: Gold hat für viele Migranten mit muslimischem oder asiatischem Hintergrund traditionell einen völlig anderen Rang als für durchschnittliche Europäer. Wer in einem Land wie Frankreich, Großbritannien, den Niederlanden, Belgien oder Deutschland privaten Goldbesitz verbieten würde, der riskierte ganz sicher eine Revolte dieser Bevölkerungsgruppen.

Gehen wir über die EU hinaus: Bei G-10- und G-20-Gipfeltreffen ist in der Vergangenheit insgeheim tatsächlich über ein mögliches Goldverbot in allen G-10- oder G-20-Staaten gesprochen worden. Das Ergebnis sollte all jene beruhigen, die Angst vor einem Goldverbot haben: G-20-Staaten wie Russland, Indien, China und Saudi-Arabien haben hinter geschlossenen Türen klargestellt, dass sie niemals einem solchen Vorhaben zustimmen beziehungsweise dieses umsetzen würden. Es gibt Länder wie Venezuela, die Goldminen verstaatlicht haben. Und viele weitere Länder erwägen die Verstaatlichung von Goldminen. Aber ein Goldverbot, wie es die USA einmal hatten, macht in einer globalisierten Welt keinen Sinn.

Goldreserven der Länder

Früher dienten nationale Goldreserven der Deckung einer Währung. Heute ist Gold in den Tresoren der Zentralbanken eine finanzielle Reserve für Krisenzeiten. Je leistungsschwächer ein Staat ist, umso mehr Goldreserven verkauft er. Denn in den Bilanzen der Notenbanken steht das Gold immer zum Anschaffungspreis. Weil es dort aber meist schon Jahrzehnte lagert und der Wert in der Zwischenzeit beträchtlich gestiegen ist, kann es zu einem deutlich höheren Preis verkauft werden. Der Verkauf zu den aktuell höheren Marktpreisen führt dann zu einem bilanziellen Gewinn. Eine Zentralbank, die sich mit Papiergeld verspekuliert, ist deshalb häufig versucht, Goldreserven zu verkaufen, um eine vordergründig ausgeglichene oder positive Bilanz vorweisen zu können.

Die Staaten mit den größten Goldreserven haben sich darauf geeinigt, ihr Gold nicht ohne Absprache auf den Markt zu bringen. Denn ein zeitgleicher Verkauf von Goldreserven würde ja das Angebot am Markt deutlich erhöhen und den Preis fallen lassen. Seit 1999 schließen europäische Notenbanken und die US-Notenbanken immer wieder langfristige Abkommen ab, nach denen pro Jahr eine maximale Menge jenes Goldes bestimmt wird, die alle Staaten zusammen in dieser Zeit verkaufen dürfen. Die Menge wurde bis 2014 auf jährlich 400 Tonnen festgelegt.

Über die größten Goldreserven der Welt verfügen die Vereinigten Staaten, gefolgt von Deutschland und dem Internationalen Währungsfonds (IWF). Dieser verkauft jedoch seit 2009 schrittweise ein Achtel seiner Reserven (etwa 400 Tonnen) und wird den dritten Platz bei den Goldreserven nicht mehr lange halten.

Viele Bürger glauben, das Gold der Vereinigten Staaten lagere in *Fort Knox*. Dort liegt jedoch nur ein kleiner Teil. Der größte Teil des amerikanischen Goldes lagert im Keller der *Federal Reserve Bank* in New York. Dort unterhält die amerikanische Notenbank für fast sechzig Staaten das mit etwa 550.000 Barren größte Goldlager der Welt. Insgesamt lagern in den Tresoren der weltweiten Banken etwa 30.000 Tonnen Gold.

Nachfolgend eine Auflistung der Goldreserven verschiedener Länder mit Stand 1970 und 2011 in Tonnen:

	1970	**2011**
Vereinigte Staaten	9.839	8.133
Deutschland	3.536	3.401
IWF	3.855	2.814
Italien	2.565	2.451
Frankreich	3.138	2.435
China	398	1.054
Schweiz	2.427	1.040
Russland	384	824
Japan	473	765
Niederlande	1.588	612
Indien	216	557
Europäische Zentralbank	0	502
Taiwan	72	423
Portugal	801	382
Venezuela	341	365

Fünfzehn Staaten der Welt verfügen damit über mehr als fünf Sechstel der Goldreserven, die weltweit in den Tresoren von Zentralbanken lagern. Und es gibt viele Staaten der Welt – etwa Kenia und die Komoren –, in denen die Notenbanken nicht ein Gramm Gold haben. Selbst extrem wohlhabende arabische Staaten wie das Sultanat Oman zählen zu dieser Ländergruppe. Und EU-Staaten wie Malta oder Estland hatten 2011 gerade einmal je 200 Kilogramm Gold für Krisenzeiten in den staatlichen Tresoren.

In der Schweiz, die seit 1970 rund 1.400 Tonnen Gold am Weltmarkt verkaufte, regte sich 2011 Widerstand in der Bevölkerung dagegen, dass die Notenbank Gold als »überflüssig« betrachtete. Die Schweizerische Nationalbank hat von mehr als 2.400 Tonnen jetzt nur noch knapp 1.000 Tonnen Gold. Mit der Volksinitiative »Rettet unser Schweizer Gold« will die Partei SVP durchsetzen, dass das Gold der Nationalbank

(SNB) nicht mehr ohne Zustimmung der Bevölkerung verkauft werden darf. Die verbleibenden Goldreserven seien »Volksvermögen« und sollen künftig auch nur noch in der Schweiz gelagert werden dürfen. Mit einer Annahme der Initiative würde die SNB zudem verpflichtet, 20 Prozent ihrer Aktiva in Gold zu halten. Die SVP kritisiert, dass die SNB ohne Not mehr als die Hälfte ihrer Goldreserven verkauft hat. Wären diese Reserven noch vorhanden, dann würde die Schweiz jetzt über zusätzliche Werte in Höhe von 75 Milliarden Franken (61,5 Milliarden Euro) verfügen. Die Goldreserven waren auf Druck des Auslands, aber auch auf Empfehlung von Schweizer Experten, die die Goldreserven als überflüssig bezeichnet hatten, verkauft worden.

Nun kann man die vorgenannten Angaben über die Goldreserven in den Tresoren von vielen Notenbanken der Welt glauben oder auch nicht. Denn es gibt keine unabhängige internationale Beobachtertruppe, die regelmäßig die Angaben der jeweiligen Regierungen vor Ort kontrolliert. So sollen angeblich 4.580 Tonnen Gold im amerikanischen *Fort Knox* lagern. Seit 1937 haben überhaupt nur zwei amerikanische Präsidenten einen kurzen Blick in *Fort Knox* werfen dürfen: Roosevelt und Truman. Danach gab es mehr als sechs Jahrzehnte lang keine Kontrolle mehr. Der republikanische amerikanische Präsidentschaftskandidat Ron Paul zweifelte 2011 öffentlich daran, dass in *Fort Knox* tatsächlich noch 4.580 Tonnen Gold lagern. Doch das US-Finanzministerium lehnte die vorgeschlagene Überprüfung mit der Begründung ab, diese würde pro Barren etwa 30 Minuten beanspruchen und bei 400 Prüfern etwa ein halbes Jahr lang dauern. Schließlich müsste jeder Goldbarren darauf untersucht werden, ob er nicht in Wahrheit einen Kern aus wertlosem Wolfram enthält.

Nun lagern in amerikanischen Tresoren ja nicht nur Goldbarren, die den Amerikanern gehören, sondern beispielsweise auch ein großer Teil der deutschen, französischen und britischen Goldreserven. Es ist bekannt, dass die deutsche Bundesregierung seit Jahrzehnten einen Großteil der deutschen Goldreserven (rund 3.400 Tonnen) zur *Federal Reserve Bank* (Fed) nach New York ausgelagert hat und weniger als 100 Tonnen in eigenen Tresoren aufbewahrt. Kaum bekannt ist hingegen, wann die Bundesregierung das Gold der Deutschen zuletzt in New York persönlich in Augenschein genommen hat: am 11. Juni 2007. Das hat das Bundesfinanzministerium dem ehemaligen Staatsminister Peter Gauweiler (CSU) in einem Schreiben vom 16. Dezember 2010 mitgeteilt. Gauweiler hatte die Bundesregierung zudem gefragt, in welchen Abständen die ausgelagerten deutschen Goldreserven in Augenschein genommen und kontrolliert würden. Auf diese Frage erhielt er keine Antwort. Die Deutschen dürfen sich im Abstand von vielen Jahren in den Tresoren in New York zwar Gold anschauen, es jedoch nicht (etwa per Ultraschall) kontrollieren. Das führt zu vielen Spekulationen.

Das Gold der Bundesbank

Wenn immer mehr Anleger dem Papiergeld nicht mehr trauen und Gold kaufen, dann steigt dessen Preis unaufhaltsam. So war es auch in den Jahren der schweren Wirtschafts- und Finanzkrise nach 2008. Die Deutsche Bundesbank hat nach offiziellen Angaben den zweitgrößten Goldbestand der Welt. Sie könnte sich über die permanente Wertsteigerung freuen. Doch in Wahrheit hat sie nur noch auf 100 Tonnen Gold Zugriff. Wie erklärt man das den Bürgern?

Nach offiziellen Statistiken hat Deutschland mit rund 3.400 Tonnen Gold (etwa 110 Millionen Unzen) die zweitgrößten Goldreserven der Welt. Dieses Gold sollte eigentlich in den Tresoren der Deutschen Bundesbank lagern. Es ist Eigentum des deutschen Volkes. Von den 3.400 Tonnen hat die Deutsche Bundesbank allerdings nur noch wenige Tonnen Gold in den Tresoren in Frankfurt und Mainz, der Rest lagert in den Vereinigten Staaten und in anderen Ländern. Im Falle eines Euro-Zusammenbruchs würde die Bundesbank ihr Gold wahrscheinlich nie mehr zurückbekommen, äußerten Bundesbanker 2011 im vertraulichen Gespräch mit CDU-Politikern in Frankfurt. Die Amerikaner betrachten das deutsche Gold demnach schon lange wie eine Art »rechtmäßiges Eigentum«. Der renommierte britische

Finanzfachmann David Marsh berichtete nach vertraulichen Gesprächen mit Mitarbeitern der Deutschen Bundesbank schon 1992 in der Londoner Wirtschaftszeitung *Financial Times:* »Die Bundesbank ist einmalig unter den wichtigsten Gold besitzenden Zentralbanken der Welt, insofern, als sie nur einen kleinen Teil, kaum 80 Tonnen, also etwas mehr als zwei Prozent, in ihren Frankfurter Tresoren aufbewahrt. Der Rest und Großteil ihres Goldschatzes liegt in den Tresoren anderer Zentralbanken, der *Federal Reserve Bank* in New York, der Bank von England und der Pariser Zentralbank.« Die Bundesbank hat dann 2011 vor dem Hintergrund des sich abzeichnenden Zusammenbruchs der Eurozone versucht, Gespräche mit den Amerikanern über die Rückführung der deutschen Goldreserven zu führen – ohne Ergebnis. Danach herrschte auf deutscher Seite der Eindruck vor, dass die deutschen Goldbestände bei der *Federal Reserve Bank* wohl auch in absehbarer Zeit nicht mehr freigegeben werden. Aus Gründen diplomatischer Rücksichtnahme darf über das heikle Thema derzeit allerdings nicht öffentlich gesprochen werden.

Unter amerikanischem Druck hatte die Deutsche Bundesbank in den 1960er-Jahren einen erheblichen Teil der deutschen Goldreserven treuhänderisch an die *Federal Reserve Bank* auslagern müssen. Vor dem Hintergrund der Weltfinanzkrise wollte die Bundesbank das deutsche Gold zurück – doch die US-Regierung weigerte sich. Ist das Gold nicht mehr vorhanden und muss abgeschrieben werden?

In Zeiten wirtschaftlicher Not lassen deutsche Finanzminister immer wieder mal theoretisch durchspielen, was man mit dem Gold der Deutschen machen könnte. Bislang war das stets reine Theorie. Doch in Anbetracht der katastrophalen deutschen Haushaltslage ließ der frühere Bundesfinanzminister Peer Steinbrück (SPD) 2009 zum ersten Mal ernsthaft darüber nachdenken, einen Teil der deutschen Goldreserven zu versilbern. Der Finanzminister selbst hat keinen Zugriff auf das Bundesbankgold. Er kann daher lediglich an die Währungshüter appellieren. Aber dann kam bei geheimen Gesprächen der Schock: Der Großteil der deutschen Währungsreserven existiert möglicherweise nur noch auf dem Papier. Was war passiert?

Ende der 1960er-Jahre hatten die Vereinigten Staaten als damalige Besatzungsmacht ebenso wie Großbritannien einen finanziellen Ausgleich für die Stationierung britischer und amerikanischer Soldaten auf deutschem Boden von der Bonner Bundesregierung gefordert. Die Bundesregierung lehnte das damals ab. Doch statt Bargeld zu überweisen, überließ man London und auch der amerikanischen *Federal Reserve* treuhänderisch große Teile der deutschen Goldreserven. Mehr als 3.300 Tonnen deutsches Gold wurden so Ende der sechziger Jahre des letzten Jahrhunderts zur amerikanischen Notenbank *Fed* nach New York, zur *Bank of England* nach London und zum geringen Teil auch zur *Banque de France* nach Paris ausgelagert. Nur noch wenige Prozent blieben in den Tresoren der Bundesbank zurück. Schon im Jahre 2003 hatte die Bundesregierung auf die Anfrage eines Abgeordneten, wo das Gold der Bundesbank gelagert werde, folgende Antwort gegeben: »[...] lässt allerdings auch Goldbestände an wichtigen Goldhandelsplätzen wie zum Beispiel London von den dort ansässigen Zentralbanken verwahren.«

Zu verdanken hat die Bundesregierung die Auslagerung des Goldes Karl Blessing, der von 1958 bis 1970 die Bundesbank leitete. Er sicherte Washington 1968 schriftlich zu, dass die Bundesrepublik ihr Gold so lange nicht aus den Vereinigten Staaten zurückfordern werde, wie amerikanische Soldaten auf deutschem Boden stationiert seien. Dieser »Blessing-Brief« ist nach Angaben aus Kreisen der Deutschen Bundesbank auch heute noch verbindlich. Und er diente auch der amerikanischen Regierung seit der letzten Weltfinanzkrise wieder als Argument dafür, das geheime diplomatische deutsche Ersuchen um Rückführung von Teilen des treuhänderisch bei der *Fed* eingelagerten Goldes abzulehnen. Seit mehr als fünf Jahrzehnten hat das amerikanische Schatzamt keine genauere Überprüfung der bei der *Fed* eingelagerten fremden Goldbestände mehr zugelassen. Fachleute der Bundesbank, denen ebenfalls die Überprüfung der eingelagerten deutschen Goldbestände verweigert wird, hegen inzwischen den an eine Verschwörungstheorie erinnernden Verdacht, dass möglicherweise Teile des deutschen Goldes längst verkauft wurden, weil jede amerikanische Regierung über Jahrzehnte davon ausgehen konnte, dass die Stationierung von US-Truppen auf deutschem Boden dauerhaft sein werde.

Ohne einen diplomatischen Eklat zu provozieren, könnte die Bundesbank somit allenfalls – zeitlich versetzt – immer nur sehr kleine Mengen Gold aus den USA zurückfordern. Das deutsche Gold wurde von Washington bislang als eine Art Pfand gegenüber der Bundesregierung angesehen. Jede Frage nach Rückgabe kommt einer offenen Misstrauensbekundung gleich. Vor diesem Hintergrund wollen Bundesbank, Bundesregierung und US-Regierung den Streit um die deutschen Goldreserven um jeden Preis vor der Öffentlichkeit geheim halten. Denn das öffentliche Eingeständnis der möglicherweise nicht mehr komplett vorhandenen deutschen Währungsreserven hätte umgehend gravierende Folgen: Die Bundesrepublik würde sofort ihr »AAA«-Rating verlieren. Im Sinne der Staatsräson muss man also in Berlin wie auch bei der Deutschen Bundesbank gute Miene zum möglicherweise bösen Spiel machen.

Der Goldschatz der Bundesbank ist auf dem Papier deutlich mehr als 130 Milliarden Euro wert. Aber Papier ist geduldig. Die Bundesbank weiß, warum sie alle Begehrlichkeiten früherer Finanzminister in Zusammenhang mit dem Verkauf der Goldreserven abgeschmettert hat. Möglicherweise ist ja ein Teil nicht mehr vorhanden. Solange unabhängige Prüfer keinen Zugang zu den ausgelagerten deutschen Goldreserven erhalten, sind Spekulationen in alle Richtungen möglich. Tatsache ist: Die Deutschen dürfen zwar alle paar Jahre durch die Goldtresore in den USA gehen, wo deutsches Gold eingelagert ist. Sie dürfen es allerdings nicht von unabhängigen Fachleuten näher begutachten und prüfen lassen.

Nun gibt es vor allem in Zeiten wirtschaftlicher Not immer wieder Stimmen aus den Reihen der Politik, die von der Bundesbank fordern, einen Teil oder sogar die gesamten Goldreserven zu verkaufen oder aber gegen Zinsen zu verleihen. Das Verleihgeschäft ist in vielen Staaten der Welt üblich, allerdings nicht ohne Risiko: Private Banken verkaufen das von Zentralbanken geliehene Gold am Markt und legen den Erlös verzinslich an. Später kaufen sie das Gold wieder ein, um es der Notenbank zurückzugeben – so die Theorie. Doch das klappt nicht immer: Die Notenbank von Portugal etwa verlor in den 1980er-Jahren 17 Tonnen Gold, als ihre Vertragspartnerin, die US-Investmentbank *Drexel Burnham,* in Konkurs ging. Die Bundesbank verlieh seither ihr Gold nur noch in Ausnahmefällen und auch dann nur an Banken mit höchster Bonität. Seit 2010 verleiht die Bundesbank überhaupt kein Gold mehr – der Goldpreis stieg schneller als die Zinsen, mit denen die Banken die Leihe hätten finanzieren müssen.

Deutsches Gold in Schweizer Alpentresoren

Überall auf der Welt werden neue große Tresore für Gold gebaut: Auf dem Freihafengelände von Singapur, im Bankenviertel in London und auch in Westaustralien. Der Bedarf an sicheren Orten für die Aufbewahrung von Edelmetallen stieg mit der Weltwirtschaftskrise nach 2008 massiv an. Hinter sieben Tonnen schweren Stahltüren, gesichert gegen Erdbeben und Flugzeugabstürze, verbirgt sich beispielsweise im riesigen Freihafen von Singapur der Goldtresor von *Swiss Precious Metals.* Die Tresorräume sind zum Bersten voll. Denn die Nachfrage hat sich verfünffacht, seit die in Genf ansässige Gesellschaft die Räumlichkeiten in Betrieb genommen hat. Bis zu einem Prozent des Wertes eines Goldschatzes kostet es als Provision, wenn man das Edelmetall in so einem großen Tresor im Ausland lagert.

Geldfondsmanager bauen seit 2008 neue Tresore. Und zwar nur für Gold: *Barclays Capital* baut einen neuen Goldtresor, *The Brink's* und die Deutsche Bank hegen ebenfalls Ausbaupläne. Die australische Münzanstalt *Perth Mint* denkt erstmals seit 2003 an eine Expansion der Goldtresore – es sind Signale dafür, dass sie mit einer weiter steigenden Nachfrage rechnen. Die Lagergesellschaften stellen sich auf die steigende Zahl der privaten Goldkäufer ein. Die 112 Jahre alte *Perth Mint,* die acht Prozent des gesamten Goldangebots verarbeitet und dem Bundesstaat Western Australia gehört, baut 2012 einen neuen Großtresor. *The Brink's,* das größte Unternehmen für Goldtransporte in Großbritannien, hat 2011 einen neuen Goldtresor eröffnet und baut 2012 den nächsten. Die Zeiten, als ein sicherer Tresor im Keller ausreichend war, sind eben lange vorbei. Das gilt auch für deutsche Goldanleger.

Immer mehr deutsche Bürger schaffen ihr Gold aus Angst vor staatlichem Zugriff in die Hochsicherheitsbunker der Schweizer Berge. Dort wird es zum Teil sogar von der Schweizer Armee bewacht. Gold ist seit Jahrtausenden die »Fluchtwährung«, um sein Vermögen zu schützen. So auch in den heutigen unruhigen Zeiten, in denen die Angst vor Inflation, Währungsreformen und Staatsbankrotten steigt. Immer mehr Menschen machen sich Sorgen über die Kaufkraft ihrer Vermögen und flüchten in Edelmetalle wie Gold und Silber. Doch wohin damit? Viele trauen den Banken nicht mehr. Die Schließfächer heimischer Banken oder Privattresore können ja nach einem Gesetzesentwurf in Deutschland ab Winter 2011 jederzeit von den Finanzbehörden durchsucht werden. Sie sind demnach kein sicherer Aufbewahrungsort mehr. Wohin also mit Gold und anderen Edelmetallen oder Wertgegenständen?

Antworten darauf geben unsere südlichen Nachbarn: In der Schweiz gibt es seit Jahren Alpentresore für Privatbesitzer, die Gold und Silberbestände außerhalb des Zugriffs deutscher Behörden sicher lagern wollen. Ein Bunker in den Schweizer Bergen verspricht höchste Sicherheit. Einer von ihnen wurde in den 1940er-Jahren bei Amsteg vom damaligen Bundesrat aus Angst vor den Nazis in den Gotthard gegraben. Die Firma *Swiss Gold Safe* nutzt die Hochsicherheitsanlage heute. Ihre Kunden sind private und institutionelle Vermögende, die dort Wertsachen einlagern. Und Hans J. Maurer, der Chef von *Swiss Gold Safe* kann sich über mangelnde Aufträge nicht beklagen. Im Gegenteil, die Anfragen haben sich 2011 vervielfacht. Doch Fragen zum Geschäft werden aufgrund der »sensitiven Thematik« nicht beantwortet. Nur soviel ist zu erfahren: Besonders deutsche Privatanleger wollen jetzt ihre Goldbestände in die Schweiz auslagern, weil sie einen sicheren Zufluchtsort außerhalb der Eurozone suchen. Zudem sind alle Einlagen in der Schweiz gegen alle Risiken versichert. Der

Bunker in den Bergen verspricht vor allem jederzeitigen Zugriff und man muss sich keine Sorgen mehr machen, dass deutsche Banken den Zugriff auf die eigenen Edelmetalle verwehren.

Neben der Firma *Swiss Gold Safe* gibt es eine Reihe weiterer Schweizer Tresorbunker-Unternehmen, die aus tristen Militäranlagen tief in den Bergen Hightech-Alpensafes gemacht haben. Etwa *Deltalis,* das in Attinghausen das »Fort DK2« betreibt, oder die Firma *SIAG Secure Infostore AG,* die im Berner Oberland das »Swiss Fort Knox« unterhält. Dieses soll sogar vor Atombombenanschlägen, Erdbeben und elektromagnetischer Strahlung schützen. Die Anlage bietet außerdem einen Landeplatz für Helikopter und kleine Jets. Der Bunker wurde von der Schweizer Armee errichtet, die diesen auch heute noch zum Teil nutzt. Neben privatem Wachpersonal ist also auch die Schweizer Armee vor Ort. Das ist mehr als nur eine gute Werbung. Um das künftige Geschäft brauchen sich die Alpentresor-Anbieter keine großen Sorgen zu machen. Denn sie alle profitieren jetzt von der Wirtschaftskrise und dem ständig wachsenden Sicherheitsbedürfnis jener Privatleute, die zwar Edelmetalle und andere Wertgegenstände kaufen, diese aber weder daheim noch im Tresor einer deutschen Bank lagern wollen. Die meisten Deutschen fahren nicht mit einem Fahrzeug über die Grenze, um Gold in die Schweiz zu bringen. Sie starten mit einem kleinen Privatflugzeug von einem deutschen Privatflughafen. Dort gibt es bei Flügen in die Schweiz keine Gepäckkontrollen.

Goldbarren, Goldgewicht und Goldlegierungen

Seit langer Zeit schon wird Gold in Barrenform gegossen, um es besser lagern zu können. Goldbarren werden nach ihrem Äußeren in zwei Kategorien eingeteilt: geprägte und gegossene Barren. Je nach Hersteller weichen dann aufgepresste Motive und Seriennummern voneinander ab. Die traditionelle Methode beim gegossenen Barren ist das Gießen des flüssigen Goldes in eine Form, den Schmelztiegel.

Weniger verbreitet sind abgewandelte Formen bei Gussbarren. Dabei werden die Gussformen in dünne Scheiben oder kleinere Blöcke geschnitten. Und die Prägungen werden anschließend nach der Formgebung aufgepresst oder seltener manuell eingearbeitet. Die üblichste Barrenform stellt die rechteckige Form dar, wobei es auch Barren in Stab- oder Rundform gibt. Bei der Methode der geprägten Barren werden diese mit Hilfe einer Stanze aus Gussschablonen herausgetrennt. Charakteristisch ist die meist rechteckige Form, die ebene und glatte Barren hervorbringt.

Auf solchen Barren wird heute die Marke des jeweiligen Herstellers, die Feinheit und die Barrennummer eingestanzt. Goldbarren gibt es in verschiedenen Größen. Die Feinheit (auch Reinheit genannt) muss mindestens 999 betragen. Ein Standardbarren Gold wiegt nominell 400 Feinunzen, das entspricht 12,44 kg. Anleger können die heutigen Goldbarren (in flacher Form) in vielen verschiedenen Gewichten erwerben. Die meisten Anleger kaufen jedoch nicht Goldbarren mit einem Gewicht von 12,44 Kilogramm, sondern Barren mit einem Gewicht von 1, 5, 10, 20, 100 oder 250 Gramm oder 1/4, 1/2 oder 1 Unze (eine Unze entspricht 31,104 Gramm). In Deutschland sind Goldbarren mit einer Feinheit von 999 von der Mehrwertsteuer befreit. Das gilt aber nur für physisches Gold, nicht für Goldzertifikate.

Goldbarren mit einer Feinheit von 999 werden in Präge- und Scheideanstalten hergestellt. Zu den bekanntesten im deutschsprachigen Raum gehören die *Umicore S.A.* (Belgien) und die *Heraeus Holding* (Hanau).

Im internationalen Handel wird das Goldgewicht in »Unzen« angegeben. Die »Reinheit« oder »Feinheit« bezeichnet den Anteil reinen Goldes im Verhältnis zum Gesamtgewicht. Immer noch gebräuchlich ist auch die Nennung der Feinheit in Karat-Angaben. 24 Karat entsprechen purem Gold (Feingold). Die Feinheit wird auch in Promille angegeben. Dabei bedeutet etwa die Bezeichnung »585er Gold«, dass das Metall von 1.000 Gewichtsanteilen zu 585 Teilen aus reinem Gold besteht. Dieser Wert entspricht 14 Karat. Und 750er Gold hat 75 Prozent Goldanteil, was 18 Karat entspricht.

Karat	Feinheit	Handels-bezeichnung	Prozent Goldanteil
24	999	Gold 999	99,9
22	916	Gold 916	91,6
20	833	Gold 833	83,3
18	750	Gold 750	75,0
14	585	Gold 585	58,5
10	417	Gold 417	41,7
9	375	Gold 375	37,5
8	333	Gold 333	33,3

Gold wird in verschiedenen Verbindungen (Legierungen) angeboten. Gebräuchlich sind Legierungen mit Silber oder Kupfer, mit Platin, Palladium, Nickel, Kadmium, Zink, Eisen, Wolfram und Tantal. Dabei bestimmt der Legierungszusatz dann die Farbe des Goldes, die allerdings durch Behandlung mit Säuren und Politur wieder auf den bekannten Goldglanz gebracht werden kann. Weißgold hat 750 Anteile Gold, 150 Anteile Silber und 100 Anteile Kupfer. Rotes Gold hat 750 Anteile Gold und 250 Anteile Kupfer. Graues Gold hat 750 Anteile Gold und 250 Anteile Silber.

Goldgewinnung

Überall auf der Welt gibt es Gold. Der Goldanteil in der Erdkruste beträgt durchschnittlich vier Gramm je 1.000 Tonnen Gestein. Er schwankt allerdings je nach Lagerstätte beträchtlich. Je mehr Gramm Gold in 1.000 Tonnen Gestein gefunden werden, desto lohnender ist der Abbau. Den jüngsten Rekord hält eine Gesteinsformation 500 Kilometer nördlich der schwedischen Hauptstadt Stockholm, wo 2007 immerhin 23 Gramm Gold in nur einer Tonne Gestein gefunden wurden. In der Geschichte der Menschheit ist Gold bislang an rund 20.000 Stellen abgebaut worden, vor allem als goldhaltiges Gestein (Golderz). Derzeit werden pro Jahr etwa 2.500 bis 2.600 Tonnen Gold gefördert. Das ist in zwei Jahren mehr Gold, als in den tausend Jahren des Mittelalters gefunden wurden. Gold wird in Bergwerken aus dem Gestein (Goldader) herausgelöst, aus dem Sand gesiebt oder aus Geröllablagerungen herausgewaschen. Berggold ist häufig in Quarz eingeschlossen. Seifengold (im Sand) ist aus Gesteinsverwitterung entstanden. Es werden Goldstaub, -flitter oder -körnchen gewonnen. Waschgold wird aus den Gesteinssedimenten durch mehrfaches Waschen und Sieben in Schüsseln, Pfannen oder langen Rinnen herausgelöst.

Eigentlich müsste es auf der Erde noch wesentlich weniger Gold geben, als tatsächlich vorkommt. Denn Mond und Erde entstanden etwa zur gleichen Zeit. Doch auf dem Mond ist Gold noch wesentlich seltener als auf der Erde. Nach Angaben des amerikanischen Wissenschaftsmagazins *New Scientist* haben Forscher 2010 dafür auch eine Erklärung gefunden: Nachdem die Erde durch die Kollision Milliarden kleiner Himmelskörper entstanden war, prallte sie mit einem zweiten Planeten zusammen, der etwa die Größe des Mars hatte. Es entstand eine gewaltige galaktische Trümmerwolke, aus der sich dann der Mond bildete. Dieser Zusammenprall, aus dem der Mond hervorging, setzte große Energien frei, die die schon erkaltete Erdkruste wieder geschmolzen haben. Schwere Metalle wie Eisen sanken dann ins Erdinnere ab. Auch Gold dürfte demnach kaum noch in der Nähe der Erdoberfläche vorkommen (ebenso wie auf dem Mond, wo Gold 1.200 Mal seltener ist als auf der Erde). Doch in den nächsten zehn Millionen Jahren kollidierte die Erde immer wieder mit Himmelskörpern von einem Durchmesser von bis zu 100 Kilometern. Diese wurden dabei pulverisiert. Diese Asteroiden waren so groß, dass sie den Mond verfehlten und immer wieder auf der dann endgültig erkalteten Erde einschlugen. Und jeder Einschlag bescherte der Erde tonnenweise Gold, das es ohne Asteroideneinschläge nahe der Erdoberfläche auf der Erde nicht geben würde. Die Wahrscheinlichkeit, dass plötzlich gewaltige Goldvorkommen nahe der Erdoberfläche gefunden werden, ist demnach extrem gering. Andererseits ist sicher, dass es tief im Erdinneren, wo der Erdkern noch immer flüssig ist, noch große Mengen an Gold gibt, die vor vielen Millionen Jahren zusammen mit anderen Schwermetallen von der flüssigen Erdoberfläche tief ins Erdinnere versunken sind.

Größter Goldförderer ist China mit 345 Tonnen im Jahre 2010, gefolgt von Australien (255 Tonnen), den USA (230 Tonnen), Südafrika (190 Tonnen), Russland (190 Tonnen), Peru (170 Tonnen), Indonesien (120 Tonnen), Ghana (100 Tonnen), Usbekistan (90 Tonnen), Kanada (90 Tonnen), Brasilien (65 Tonnen), Mexiko (60 Tonnen), Papua-Neuguinea (60 Tonnen), Chile (40 Tonnen) und weiteren Ländern, die zusammen etwa 500 Tonnen Gold pro Jahr fördern. Unabhängig von Anlegern kann die Goldförderung seit Jahren schon mit der Nachfrage der Industrie nicht Schritt halten. So verbraucht allein Indien pro Jahr in der Schmuckindustrie 745 Tonnen Gold und mehr als 217 Tonnen in der sonstigen Industrie, zusammen 962 Tonnen von rund 2.500 Tonnen Jahresproduktion. China verbraucht pro Jahr 580 Tonnen, die USA 233 Tonnen, Deutschland 127 Tonnen, die Türkei 114 und die Schweiz 92 Tonnen, Saudi-Arabien 87 und Vietnam 81 Tonnen, die Emirate 72 und Russland 67 Tonnen – allein das sind mehr als 3.050 Tonnen bei einer Jahresproduktion von nur etwa 2.500 Tonnen. Und die Goldförderung geht in den klassischen Goldförderländern drastisch zurück. Ein Beispiel: Förderte Südafrika im Jahre 1970 noch mehr als 1.000 Tonnen Gold im Jahr, so waren es 2010 nur noch 190 Tonnen. Und um in Südafrika überhaupt noch Gold fördern zu können, muss man immer tiefer in die Erde eindringen, was die Förderkosten beträchtlich erhöht. Gold wird in Südafrika heute durchschnittlich vier Kilometer tief unter der Erdoberfläche abgebaut. Seit 2011 werden von der südafrikanischen Minengesellschaft *AngloGold Ashanti* sogar Schächte bis in fünf Kilometer Tiefe gebohrt. Das größte Goldfeld der Welt ist Witwatersrand in Südafrika. Dort wurden bis heute etwa 40.000 Tonnen Gold gefördert. Weitere 20.000 Tonnen Gold sollen dort noch lagern, wenn man tief genug in die Erdkruste eindringt. Witwatersrand ist ein etwa 200 Kilometer langer Bergzug, der Teil der kontinentalen Wasserscheide zwischen Atlantik und Indischem Ozean ist. Seit 1885 gibt es dort Goldbergbau. Und die Währung Südafrikas, der Rand, ist nach dieser Region benannt. In Witwatersrand liegt die größte bekannte Goldseife.

Goldgewinnung im deutschsprachigen Raum

Als »Seifen« bezeichnet man in der Geologie und Lagerstättenkunde Anreicherungen in Sedimenten wie Sand. Sind diese abbauwürdig, dann spricht man von Seifenlagerstätten. Solche Goldseifen gibt es am Fluss Klondike in Yukon/Kanada, aber auch an Rhein, Donau, Isar, Inn, Salzach, Eder und der Thüringer Schwarza. Bis zur Entdeckung der teils auch heute noch bedeutenden Goldvorkommen in Kalifornien (1848), Australien (1851), Colorado (1858), Alaska (1872), Südafrika (1886) sowie Kanada (1896) war auch Deutschland ein wichtiger Goldproduzent. Neben Seifengold aus deutschen Flüssen wurde auch Berggold aus goldhaltigen Erzen abgebaut. Vom Mittelalter bis 1920 wurden pro Jahr in Deutschland etwa 100 Tonnen Gold gewonnen (etwa am Eisenberg in Hessen, im Thüringer und im Oberpfälzer Wald). Die Gewinnung von Gold aus dem Rhein (»Rheingold«) lässt sich bis auf die Kelten zurückführen. Als der Rheinlauf in den Jahren 1817 bis 1866 begradigt wurde, fielen gewaltige Mengen Sand und Kies an, die auf Gold hin gewaschen wurden. Allein 1831 wurden in Baden 13 und in der Pfalz weitere fünf Kilogramm Gold gewonnen. Man kann das heute in den historischen Dokumenten Jahr für Jahr nachlesen. Weil aber nur etwa ein Drittel des tatsächlich gefundenen Goldes den Behörden gemeldet und viel geschmuggelt wurde, weiß man, dass im Rhein bislang insgesamt etwa eine Tonne Gold gefunden wurde. Seit 1874 wird am Rhein kein Gold mehr gewaschen. Versuche in den dreißiger und vierziger Jahren sowie nach dem Zweiten Weltkrieg wurden jeweils schnell wieder eingestellt, weil der Ertrag in keinem Verhältnis zu den Kosten stand. Nach Hochwässern lohnt es sich heute an Kiesbänken und Altarmen des Rheins für Privatleute, wieder in winzigen Mengen Gold zu waschen.

Der wichtigste Gold führende Fluss in Sachsen ist die Elbe. Dort wurden in mehreren Jahrhunderten insgesamt etwa 100 Kilogramm Gold gewaschen. Kurfürst Johann Friedrich der Großmütige (regierte 1532 bis 1554) soll eine Kette aus Elbe-Gold im Gewicht von 3,6 Kilogramm besessen haben. An Isar und Inn wurden zwischen 1630 und 1760 insgesamt rund 50 Kilogramm Gold gewaschen, die man heute noch in Bayern als Blattgold in vielen Kirchen bestaunen kann. Auch der nordhessische Fluss Eder ist ab der Einmündung der Orke bei Ederbringhausen bis zu ihrer Einmündung in die Fulda unweit Guntershausen über etwa 55 Kilometer Fließstrecke Gold führend. Dort wurden früher jährlich am gesamten Flusslauf zwischen 90 und 500 Gramm Gold gewaschen. Das Gold in deutschen Flüssen stammt aus Primärlagerstätten in Bergen, wo die Zuflüsse entspringen. So lässt sich das Gold der Eder bis zum Eisenberg bei Korbach zurückführen, wo im Gestein von Geologen noch etwa eine bis zehn Tonnen Gold vermutet werden. Alle deutschen Primärgoldvorkommen, die theoretisch bei hohen Goldpreisen abbauwürdig wären, liegen (wie der Eisenberg) entweder in Naturschutz-, Wasserschutz- oder Landschaftsschutzgebieten. Das macht den industriellen Abbau in Deutschland weitgehend unmöglich.

Wer zur Zeit der Wirtschafts- und Finanzkrise nach 2010 an idyllischen deutschen Flussufern wanderte, der sah dort häufig Menschen in Gummistiefeln. Sie wuschen am seichten Ufer in einer flachen Schüssel Sand oder Kies. Es waren Goldsucher. Jeder darf in Deutschland nach Gold suchen. Theoretisch muss man zwar beim jeweiligen Bundesland einen Antrag auf eine Schürflizenz stellen. Aber wohl noch nie hat ein Polizist einen Menschen in Gummistiefeln in einem Bachbett nach dessen Schürflizenz gefragt. Wer Gold im Boden findet (etwa alte Goldmünzen), der muss dieses als Fund dem Land melden. Ein Goldfund im Erdreich gehört also dem Land. Ganz anders ist es bei einem Wasserfund: Da gehören Schätze nach deutschem Recht nicht zum staatlichen Eigentum des jeweiligen Bundeslandes und dürfen behalten werden. Offenkundig waren die Schatzsucher in deutschen Flüssen erfolgreich. Denn allein 2011 gab es aus folgenden Orten Berichte über erfolgreiche Goldsucher, die in einem Bachbett oder am Flussufer fündig geworden waren: Bad Reichenhall, Haag, Landshut, Mühldorf, Pfarrkirchen, Zwiesel, Elchesheim-Illingen, Hausach, Rheinzabern, Germersheim, Mainz, Wuppertal, Hagen, Waldeck, Goldisthal, Katzhütte, Theuern, Weida und Mylau (Vogtland).

Das Gold wird aus dem Gestein in den Bergen ausgewaschen und findet sich im Wasser als Goldflimmer. Je weiter entfernt man von der

Goldquelle nach Gold in einem Fluss sucht, desto feiner werden die Goldflimmer im Wasser. Das gilt für alle deutschen Flüsse. Ein Beispiel: Bei Straßburg enthält eine Schaufel voll Rheinsand heute nach einem Hochwasser etwa zehn und bei Mannheim etwa 40 Goldflitterchen. Sie wiegen bei Straßburg durchschnittlich 0,4 Milligramm. Für ein Gramm Gold müsste man dort also 2.500 Flitterchen sammeln. In Mannheim bräuchte man für ein Gramm schon 10.000 Flitterchen. Bei einem Goldpreis von 50 Euro je Gramm ist das zwar eine interessante Freizeitbeschäftigung, aber keine Tätigkeit, von der man leben könnte. Kurse im Goldsuchen, die findige Geschäftsleute inzwischen an vielen deutschen Flüssen anbieten, lohnen sich vor diesem Hintergrund nicht. Man bekommt so jedoch eine Vorstellung davon, wie aufwendig es ist, bei der Goldsuche auch nur ein Gramm Gold zu bekommen.

Die Bundesländer gehen nun einen anderen Weg – sie lassen insgeheim in Kiesgruben nach kleinen Goldnuggets und Goldflittern suchen. Als erstes Bundesland hat die sächsische Landesregierung bei Geologen, die 26 alte Kiesgruben auf Goldvorkommen erkunden sollen, Gutachten in Auftrag gegeben.

Nachfolgend einige Geheimtipps, wo früher in Deutschland erfolgreich Gold gewonnen wurde. Weil dort seit langer Zeit niemand mehr gesucht hat, sind die Erfolgsaussichten groß: Goldkronach-Brandholz im Fichtelgebirge, das Gebiet zwischen Oberviechtach und Rötz im Oberpfälzer Wald, Neualbenreuth im Oberpfälzer Wald, Rammelsberg im Harz, Hohenstein-Ernstthal am Rande des Erzgebirges, Reichmannsdorf im Thüringer Wald, Steinheid im Thüringer Wald sowie Goldisthal im Thüringer Wald. Zudem sollte man auch den Goldgehalt einiger Flüsse kennen, um eine Vorstellung davon zu bekommen, wie selten Gold in Sand und Kies deutscher Flüsse ist: Weiße Elster 323 Milligramm je Tonne Kiessand, Eder 22 Milligramm je Tonne Kiessand, Elbe 16 Milligramm je Tonne Kiessand bei Dresden-Zschieren, Isar zehn Milligramm je Tonne Kies und Saale fünf Milligramm pro Tonne Sand. Auch wenn alle Deutschen nun auf einmal in den Flüssen nach Gold suchen würden, hätte das wohl nicht die geringste Auswirkung auf den Goldpreis. In Österreich wurde Gold früher im Zillertal abgebaut, zudem im Raurisertal zu Füßen der Goldberggruppe in den Hohen Tauern.

Für Laien ist das Goldwaschen heute das einfachste Verfahren für die Goldgewinnung. Man nutzt dabei die hohe Dichte des Metalls. Dort, wo Gold in Flüssen vermutet wird, füllt man Schlamm, Sand oder Kies zusammen mit Wasser in eine »Goldpfanne«. Spült man das Wasser mit kreisenden Bewegungen langsam aus, dann setzt sich eventuell vorhandenes Gold am Boden ab, weil es schwerer ist als der umgebende Sand. Grobe Goldteilchen können so mit einiger Übung zuverlässig aussortiert werden. Noch besser, und seit Jahrhunderten angewandt, ist es, wenn man in die abströmende Flüssigkeit Felle einbringt, weil sich in den Fellhaaren dann auch kleinste Goldpartikel verfangen und die Ausbeute erhöhen. Noch ergiebiger ist der Prozess, wenn man ihn an Land durchführt und mit Schwimmbaggern und Saugpumpen Flusssand ansaugt und dann zusammen mit Wasser bei einem leichten Gefälle über Rüttelplatten und Fließbänder ablaufen lässt.

Goldgewinnung mit Quecksilber, Cyanidlaugen und Bakterien

Extrem umweltschädlich ist die Goldsuche durch Hinzufügen von hochgiftigem Quecksilber, wobei der goldhaltige Sand dann mit dem Quecksilber Amalgam bildet. Durch Erhitzen verdampft das Quecksilber dann wieder, zurück bleibt reines Gold. Das Goldamalgam wurde schon von den alten Ägyptern zum Vergolden eingesetzt. Das belegen viele Kunstgegenstände, die man in den alten Pharaonengräbern gefunden hat. Das von den Ägyptern angewandte Verfahren hieß Feuervergolden. Sie haben dazu einen Gegenstand mit Goldamalgam bedeckt und anschließend immer stärker erwärmt. Dabei ist das Quecksilber der Verbindung dann verdampft. Auf dem so behandelten Gegenstand blieb reines Gold zurück. Anschließend wurde es poliert. Das Verfahren des Feuervergoldens findet heute wegen der schweren Gesundheitsschäden kaum noch Anwendung.

Ebenso umweltschädlich bei der Goldgewinnung wie das Quecksilberverfahren sind Cyanidlaugeverfahren, bei denen goldhaltiger Sand fein zermahlen und mit Cyanidlaugen vermischt wird. Bei diesem Prozess wird hochgiftige Blausäure freigesetzt. Cyanide sind die Salze der Blausäure. Kaliumcyanid (Zyankali) wird unter anderem zur Goldgewinnung, in galvanischen Bädern oder in der organischen Synthesechemie verwendet. Bekannt ist, dass frei im Wasser verfügbare Cyanide eine akute hochgiftige Wirkung haben, da sie im Blut das Sauerstofftransportprotein Hämoglobin blockieren und auf diese Weise zum Ersticken führen. Dies gilt für Mensch und Fisch gleichermaßen.

Aus dem braunen gemahlenen Schlamm kann man dann Gold trocknen, es fallen jedoch riesige Halden mit giftigen Cyanidrückständen an. Und immer wieder kommt es zu schweren Umweltkatastrophen, etwa in Rumänien. Die bisher schlimmste Umweltkatastrophe in einem rumänisch-ungarischen Gewässer wurde im Jahr 2000 durch ein Leck im Auffangbecken der *Aurul*-Goldmine bei Baia Mare im Nordwesten Rumäniens ausgelöst. Der australische Mehrheitseigentümer der Mine, der Bergbaukonzern *Esmeralda*, musste wegen der gigantischen Umweltschäden schwere Verluste hinnehmen. Denn die aus dem rumänischen Bergwerk ausgelaufene Cyanidgiftlauge erreichte nach zwei Wochen über den Fluss Theiß dann auch die Donau. Das ökologische System der Theiß wurde für Jahre zerstört. Bei Kanjiža an der ungarisch-jugoslawischen Grenze wurden viele Tonnen toter Fische aus dem Wasser geholt. Das Auswaschen von Gold mit Cyanidlösungen sollte dann zwar verboten werden. Doch auch heute noch wird das Verbot in Rumänien nicht überall eingehalten.

Im rumänischen Roşia Montană haben schon die Römer Gold gefördert. Heute gehören dort 80 Prozent der Gebäude der rumänischen Firma *Gold Corporation.* Das ist ein Partnerschaftsunternehmen zwischen der kanadischen Firma *Gabriel Resources* und dem rumänischen Staatsunternehmen *Minvest.* In Roşia Montană wird Gold mit Cyanidlösungen gewonnen. Es heißt, dass jeder Bergarbeiter von Roşia Montană früher einen Geheimgang von seinem Haus bis zum Goldbergwerk hatte. 2006 war das Bergwerk wegen der schweren Umweltschäden geschlossen worden. Und 2011 beschloss man, es wieder zu eröffnen. Das Projekt wird das rumänische Cârnic-Gebirge von der Landkarte streichen und ein Kulturerbe aus der Antike zunichtemachen, als die Römer das Gold der Region abbauten. Und durch das Abbauverfahren mit Cyanid wird die ganze Region schwer geschädigt. Aber die Finanzkrise hatte den Goldpreis in schwindelnde Höhen getrieben, und die Analysten setzten auf eine anhaltende Steigerung des Edelmetalls. Aber das Projekt Roşia Montană verspricht, innerhalb von 16 Jahren Gold im Wert von mehr als 16 Milliarden Dollar abzubauen. Das Geld kann der rumänische Staat gut gebrauchen. Und sollte der kanadische Investor von einer künftigen Regierung wieder vertrieben werden, dann könnte er vom rumänischen Staat horrenden Schadensersatz verlangen. Die Umwelt tritt eben bei der Goldgewinnung häufig völlig in den Hintergrund.

Künftige Goldschürfer könnten vielleicht auch mit Mikrobiologie erfolgreich sein. Denn australische Wissenschaftler haben 2006 herausgefunden, dass das Bakterium Cupriavidus metallidurans in geringen Mengen Gold herstellen kann. Die Forscher um Frank Reith von der Universität Adelaide in Australien entdeckten bestimmte Mikroben auf Goldkörnchen. Ihre Neugier war geweckt. Bei den nachfolgenden Experimenten fanden sie heraus, dass die Bakterien an einem Entgiftungsprozess beteiligt sind. Das Bakterium Cupriavidus metallidurans nimmt toxische Goldverbindungen aus dem Erdreich auf. Um sich vor der giftigen Wirkung zu schützen, wandelt der Mikroorganismus die Komplexe in Nanopartikel aus reinem metallischem Gold um. Schicht um Schicht wird das Edelmetall dann auf Goldkörnchen abgelagert. Über viele Jahre hin könnten so theoretisch über die Zeit ansehnliche Klumpen entstehen, mutmaßen die Wissenschaftler. Kleine Goldnuggets, wie sie Goldwäscher aus dem Flusssand spülen, sind demnach zumindest teilweise organischen Ursprungs. Für diese Auffassung sprechen die Forschungsergebnisse, die die australischen Forscher im Magazin *Science* vorstellten. Reith und seine Kollegen analysierten bis zu 2,5 Millimeter große Goldkörnchen aus dem Boden über zwei australischen Goldminen. Unter dem Rasterelektronenmikroskop zeigten sich Objekte von Form und Größe typischer Bakterien auf den Körnchen. Von 80 Prozent der Goldkörnchen konnten Reith und Kollegen

DNS isolieren und vervielfachen. Der Analyse dieser DNS zufolge waren die Körnchen von bis zu 30 verschiedenen Bakterienarten besiedelt, die in dieser Zusammensetzung nicht im übrigen Boden vorkamen. In allen Fällen fanden sich DNS-Sequenzen der Bakterien. Die Versuche der Forscher ergaben, dass das Bakterium gelöstes Gold aus dem Boden aufnehmen und auf seiner Zelloberfläche in fester Form ausscheiden kann. Da die bakterielle Goldproduktion einen goldhaltigen Boden erfordert, Jahre dauert und bislang unwirtschaftlich ist, bedeutet sie auch viele Jahre nach der Entdeckung keine ernsthafte Konkurrenz für die traditionellen Methoden der Goldgewinnung.

Goldminen

Aktien von Goldminen sind nichts für Anleger mit schwachen Nerven. Zwar verbessern sich mit jeder neuen Bestmarke des Goldpreises ganz sicher auch die Gewinnaussichten der Bergwerksfirmen. Doch eine nüchterne Rechnung muss viele Faktoren berücksichtigen, die von den Verkäufern der Goldminenaktien gern verschwiegen werden: Hat ein Bergwerksunternehmen beispielsweise die Rechte für den Abbau einer Lagerstätte mit einer Million Unzen, dann ist der Schatz in der Erde bei einem Preis von 2.000 Dollar je Unze zwei Milliarden Dollar wert. Liegen die durchschnittlichen Gesamtkosten der Förderung bei 600 Dollar je Feinunze, dann kann die Gesellschaft einen Gewinn von 1,4 Milliarden Dollar erzielen. Und der könnte dann per Dividende oder über die Kurssteigerung an die Aktionäre weitergegeben werden. Steigt der Goldpreis weiter, dann erhöhen sich natürlich auch die potenziellen Gewinne entsprechend. Weil die Förderkosten gleich bleiben, explodiert dann aber nur noch der Gewinn. Ein Beispiel: Wenn der Unzenpreis nur um weitere 30 Prozent zulegt, verbessern sich die Gewinnaussichten der Mine um 75 Prozent. Soweit die guten Nachrichten zu Goldminenaktien.

Aber die Frage lautet natürlich immer, ob und wie lange die Goldnotierungen hoch bleiben. Denn umgekehrt bedeuten kräftige Rückschläge beim Goldpreis für die Minenaktionäre ein extremes Risiko.

Zudem liegen Goldminen meist in ärmeren Staaten. Und deshalb gibt es dort häufig Streiks, Stromausfälle, Grubenunglücke, Wassereinbrüche, Devisenturbulenzen, Umweltschäden und daraus resultierende Strafen sowie behördliche Willkür. Und deshalb ist die Beteiligung am Goldabbau über Aktien eine der riskantesten Wirtschaftstätigkeiten.

In Südafrika streikten im Juli 2011 beispielsweise 250.000 Bergleute der Goldminen. Sie forderten 14 Prozent mehr Lohn. Südafrika ist der viertgrößte Goldproduzent der Welt. Ein längerer Streik könnte den Preis für das Edelmetall sofort in die Höhe treiben. Die Minengesellschaften boten deshalb sofort neun Prozent mehr Lohn an. Wer Aktien von südafrikanischen Goldminen kauft, der sollte wissen, dass jedes Jahr in südafrikanischen Goldminen im Juli gestreikt wird. Dann ist auf der südlichen Erdhalbkugel Winter. Rund 40 Prozent der weltweiten Goldvorkommen befinden sich in der Erde in der Region um Johannesburg. Die Förderung ist dort aber ohnehin schon sehr teuer, weil 4.000 bis 5.000 Meter unter Tage geschürft werden muss. Jeder Streik verteuert das südafrikanische Gold weiter – und schmälert den Gewinn der Minenaktionäre.

Das größte Risiko bei Investitionen in Goldminen wird heute von fast allen Investoren vergessen oder verdrängt: die Verstaatlichung. Völlig unerwartet kündigte beispielsweise der venezolanische Staatschef Hugo Chávez im August 2011 die Verstaatlichung aller Goldminen und des Rohstoffhandels an. Zuvor hatte im afrikanischen Simbabwe Diktator Robert Mugabe alle weißen Mehrheitseigner von Goldminen im Land ohne Entschädigung enteignet. Und auch in Südafrika ist es nur eine Frage der Zeit, bis die Goldminen in Staatsbesitz übergehen. Ausnahmslos alle Nachwuchspolitiker fordern diesen Schritt, der bislang nur noch nicht vollzogen wurde, weil es dann wohl eine Kapitalflucht vieler anderer ausländischer Investoren aus dem Land gäbe. Und in Kolumbien gibt es seit Jahren einen Bürgerkrieg zwischen paramilitärischen Einheiten der Regierung und linken Rebellengruppen um jene Goldminen, für die die Regierung nordamerikanischen Konzernen Schürflizenzen erteilt hatte. Für europäische Investoren ist es unmöglich, herauszufinden, welche ausländischen Minengesellschaften in Kolumbien in sicheren Gebieten schürfen und wo es bald schon brutale

Kämpfe (und damit große Verluste) bei den Minengesellschaften geben könnte. Und in Peru liegen die zwei größten Goldminen des Landes mitten im indigenen Amazonasgebiet. Auch dort zeichnet sich ab, dass die Ureinwohner die Goldförderung durch ausländische Unternehmen in ihren Siedlungsgebieten auf Dauer nicht länger widerspruchslos hinnehmen werden. Wer in den vorgenannten Ländern in Minen investiert, der sollte wissen, dass er jederzeit alles verlieren kann.

Jenen Anlegern, die trotz des dargestellten Risikos in Minengesellschaften investieren wollen, stehen eine große Zahl von Produkten und viele Konzepte zur Verfügung.

Eine der einfachsten Formen für Investitionen in Goldgeschäfte sind Goldzertifikate mit unbegrenzter Laufzeit, die bei Bedarf auch mit Absicherung gegen die großen Wertschwankungen des US-Dollar angeboten werden. Das ist wichtig, weil sich der Goldpreis oft gegensätzlich zum Dollarkurs bewegt. Für europäische Anleger heißt das im Klartext: Mögliche Dollarabwertungen zehren bei der Umrechnung in Euro häufig einen Teil der Kursgewinne im Gold wieder auf. Solche Zertifikate sind reine Schuldverschreibungen. Wird der Aussteller (Emittent) bankrott und meldet Konkurs an, dann sind sie wertlos, weil es keine Absicherung durch physisch hinterlegtes Gold gibt. Anders ist es bei den sogenannten ETC (Exchange Traded Commodities). Auch das sind Inhaber-Schuldverschreibungen. Bei vielen wird jedoch zur Absicherung der Investoren Gold auch physisch hinterlegt. Das ist etwa der Fall bei *Xetra*-Gold. Sein Preis orientiert sich nicht am börsennotierten Wert einer Feinunze Gold, sondern am Europreis für ein Gramm Gold. Und der Inhaber von *Xetra*-Gold hat einen echten Lieferanspruch auf »seinen« Anteil am hinterlegten Gold.

Bei jeder Anlage in Goldzertifikaten ist Vorsicht geboten. Jedes Papier muss genau darauf geprüft werden, ob es auch eine physische Sicherheit durch hinterlegtes Gold enthält und welche Gebühren im Ernstfall dafür anfallen, dieses auch tatsächlich ausgehändigt zu bekommen.

Zu den bekanntesten Aktienindizes für Minen gehören der Philadelphia Gold & Silver Index und der Nyse Arca Gold Bugs (früher:

Amex Gold Bugs). Beim Gold-Bugs-Index werden nur Gesellschaften berücksichtigt, die ihre Goldförderung nicht oder nur in geringem Maße auf Termin verkaufen (Basket of Unhedged Gold Stocks). Ein kleiner Nachteil: Es handelt sich nicht um einen Performance-Index, sodass etwaige Dividendenzahlungen der Indexmitglieder nicht im Index berücksichtigt werden. Das mit Abstand größte Angebot an Minenzertifikaten mit Bezug zum Edelmetallsektor stammt von der *Royal Bank of Scotland.* Sie ermöglicht auch gezielte Investments in kleine Explorationsunternehmen, die noch in einer Frühphase der Goldförderung stecken. Solche Anlagemöglichkeiten zeichnen sich durch starke Kursschwankungen aus und weisen deshalb natürlich auch entsprechend höhere Gewinnchancen und Verlustrisiken aus.

Goldmünzen oder Goldbarren?

Für viele Anleger, die zum ersten Mal physisches Gold kaufen und in Händen halten wollen, stellt sich häufig die Frage: Goldbarren oder Goldmünzen? Je größer das gekaufte Goldstück ist, desto günstiger ist es auch. Wer kleine Mengen Gold kaufen wollte, der konnte früher nur Goldmünzen kaufen. Diese gibt es ja schon mit wenigen Gramm Gewicht. Wer eine größere zusammenhängende Goldmenge kaufen will, der ist mit Goldbarren (wenn diese nummeriert sind und aus verlässlicher Quelle stammen!) gut bedient. Aber nicht jeder kann oder will viele Tausend Euro in Gold anlegen, um einen großen Goldbarren zu kaufen.

Bei kleineren Goldkäufen bieten Goldmünzen Vorteile gegenüber Barren: Auch viele Laien wissen, wie ein Krügerrand, ein Maple Leaf oder ein Nugget aussieht. Im Gegensatz dazu kennt man ausländische Barrenhersteller im deutschsprachigen Raum garantiert nicht. Das ist beim Wiederverkauf ein gewaltiger Unterschied. Zudem wurden Goldmünzen vor allem auf den Markt gebracht, weil sie als Standardprodukt eine bestimmte Goldmenge enthalten. Die Maße gängiger Goldmünzen sind bekannt. Und jeder kann die Echtheit alleine durch Wiegen und Messen prüfen. Aber welche Maße hat ein 10-Gramm-

Goldbarren? Wer Gold kauft, der will es irgendwann zumindest in Teilen wieder verkaufen. Mit Goldmünzen findet man schneller einen Abnehmer. Goldmünzen lassen sich nicht gut fälschen, weil sich reines Gold sehr fein prägen lässt. Für Betrüger lohnt sich das Fälschen von kleinen Goldmünzen nicht. Hinzu kommt: Viele Goldmünzen sind offizielle Zahlungsmittel in den Herkunftsländern. Im Gegensatz dazu sind Goldbarren keine Zahlungsmittel.

Die wichtigsten Goldmünzen

Bullionmünzen sind Anlagemünzen, die in hohen Stückzahlen geprägt werden, seit langer Zeit ein identisches Erscheinungsbild haben und als international akzeptierte Geldanlage dienen. Der Aufschlag auf den Edelmetallwert, mit dem sie verkauft werden, ist im Gegensatz zu Sammlermünzen nur gering und deckt nur die Prägekosten und den Vertrieb. Anlagemünzen können gemäß EU-Richtlinie 98/80/EG vom 12. Oktober 1998 von der Mehrwertsteuer befreit werden. Die Befreiung gilt für Goldmünzen unter folgenden Voraussetzungen: Die Münze muss nach dem Jahr 1800 geprägt worden sein und einen Feingehalt von mindestens 900/1.000 aufweisen. Sie muss zudem im Herkunftsland gesetzliches Zahlungsmittel sein oder gewesen sein. Auch darf der Verkaufspreis den Offenmarktwert ihres Goldgehalts nicht um mehr als 80 Prozent übersteigen. Die Liste aller Münzen, welche diese Kriterien erfüllen, wird jährlich im Amtsblatt der Europäischen Union veröffentlicht. In der Bundesrepublik Deutschland sind laut Paragraph 25c des Umsatzsteuergesetzes alle Goldmünzen, welche die vorgenannten vier Kriterien erfüllen, von der Umsatzsteuer befreit.

Krügerrand

Der Krügerrand ist die bekannteste Goldmünze der Welt. Er ist nach dem südafrikanischen Politiker und Präsidenten Paul Krüger benannt, der von 1825 bis 1904 lebte. Der Rand ist seit 1961 die offizielle südafrikanische Währung. Auf der Vorderseite der Münzen findet sich ein

Porträt von Paul Krüger, auf der Rückseite das südafrikanische Wappentier, die Springbockantilope. Der Krügerrand wird seit 1967 aus 91,66 Prozent Gold und (aus Härtegründen) 8,34 Prozent Kupfer geprägt. Das Kupfer verleiht ihm im Gegensatz zu vielen anderen Goldmünzen eine rötliche Farbe. Eine Unze Krügerrand wiegt wegen des Kupferzusatzes nicht 31,104 Gramm, sondern 33,93 Gramm. Seit 1980 gibt es den Krügerrand auch als 1/2 Unze mit einem Gewicht

von 16,96 Gramm, als 1/4 Unze mit 8,48 Gramm und als 1/10 Unze mit 3,39 Gramm. Der Krügerrand ist neben dem mexikanischen Silber-Libertad die einzige Goldmünze ohne einen bestimmten Nominalwert. Ein solcher Nominalwert ist eine Währungsangabe mit einer Einheit (etwa: 1 Euro). Der nationale Währungskurs des Krügerrands, der in Südafrika gesetzliches Zahlungsmittel ist, wird täglich anhand des Goldkurses festgestellt. Von 1986 bis 1999 gab es in der Europäischen Union wegen der damaligen südafrikanischen Apartheidpolitik Sanktionen gegen Südafrika und ein Einfuhrverbot für den Krügerrand. Der Krügerrand wird heute von der *Rand Refinery* in Germiston wenige Kilometer südlich von Johannesburg geprägt und ist eine der wichtigsten Bullionmünzen (Anlegermünzen) der Welt.

Wiener Philharmoniker

Der Philharmoniker hat einen Goldgehalt von 99,99 Prozent und ist pures Feingold. Die Münze zeigt auf einer Seite Instrumente des Wiener Orchesters, auf der anderen Seite die Orgel im Goldenen Saal des Wiener Musikvereins. Der Wiener Philharmoniker wurde erstmals im

Oktober 1989 als Unze mit einem Gewicht von 31,1 Gramm und einem Nennwert von 2.000 Schilling verkauft. Ebenfalls seit 1989 gibt es ihn als 1/4 Unze mit 7,77 Gramm, seit 1991 auch als 1/10 Unze mit 3,12 Gramm und seit 1994 als 1/2 Unze mit 15,55 Gramm Feingold. Allein von 1989 bis 2004 wurden mehr als 8,2 Millionen Philharmoniker mit einem Gesamtgewicht von 174 Tonnen (5,6 Millionen Unzen) verkauft. Vom *World Gold Council* wurde die Münze in vielen Jahren zur meistverkauften Goldmünze der Welt erklärt, so etwa 1992, 1995, 1996 und 2000. Seit dem Beginn der schweren Wirtschafts- und Finanzkrise nach 2007 stieg die Auflage des Philharmonikers steil nach oben. Wurden 2007 im ganzen Jahr 108.675 Münzen im Gewicht von jeweils einer Feinunze verkauft, so waren es 2008 schon 715.800 und 2009 903.000 Stück, hinzu kamen noch die Verkäufe mit einem Gewicht von 1/10, 1/4 und 1/2 Unze. Der Verkaufspreis orientiert sich am tagesaktuellen Goldpreis zuzüglich eines geringen Aufgeldes für Prägung und Vertrieb. Der Wiener Philharmoniker wurde zum 15-jährigen Jubiläum der Münze AG in Wien im Jahre 2004 in einer auf weltweit 15 Exemplare begrenzten Version von 1.000 Unzen (31,1 Kilogramm) purem Gold und 2009 durch eine auf 6.027 Münzen (dreimal 2009) begrenzte Version von 20 Unzen (622 Gramm) ergänzt.

Geprägt wird der Wiener Philharmoniker ausschließlich in Wien in der Münze Österreich AG, der offiziellen und einzigen Münzprägestätte des Landes. Das Haus blickt auf eine über 800 Jahre lange Geschichte zurück, die mit der Lösegeldzahlung für den englischen König Richard Löwenherz an den Babenberger Herzog Leopold V. im Jahr 1194 ihren Ursprung nahm. Damals musste ein großer Teil des erpressten Silberschatzes, dessen heutiger Wert auf rund 2,2 Millionen Euro geschätzt wird, unter den Prägehammer. In der Folge kam es vor

810 Jahren zur Gründung der ersten Wiener Prägestätte, aus der die Münze Österreich AG hervorging.

Weltweit tritt der Wiener Philharmoniker als einzige europäische Anlagemünze und damit auch als einziges derartiges Geldstück mit Euro-Nennwert an. Neben Europa ist der Wiener Philharmoniker vor allem in Nordamerika und Japan von besonderer Bedeutung für Anleger. In Nordamerika konnte sich der Philharmoniker erfolgreich neben den lokalen Anbietern etablieren. In Japan, wo der Philharmoniker aus sprachlichen Gründen »Harmony« heißt, entscheidet sich die Mehrheit der Anleger für das Goldstück »Made in Austria«.

American Gold Eagle

Die *United States Mint* hat den American Gold Eagle erstmals 1986 herausgegeben. Er besteht aus 91,67 Prozent Gold sowie 5,33 Prozent Kupfer und 3 Prozent Silber. Es gibt ihn in den Versionen 1 Unze (33,93 Gramm Gesamtgewicht), 1/2 Unze (16,96 Gramm), 1/4 Unze (8,43 Gramm) und 1/10 Unze (3,39 Gramm). Die Vorderseite zeigt Lady Liberty, die eine Fackel in der Hand trägt. Auf der Rückseite ist ein Adler mit einem Olivenzweig zu sehen, der über einem Nest mit einem weiblichen Adler und Küken fliegt. Der Rand der Münze ist geriffelt.

Die *United States Mint* ist gesetzlich dazu verpflichtet, Goldmünzen in ausreichender Menge anzubieten. Rund ein halbes Jahrhundert nachdem in den USA die legendäre Goldmünze Gold Eagle wegen des damaligen Goldverbots in den USA eingezogen und eingeschmolzen wurde, unterzeichnete am 17. Dezember 1985 der damalige US-Präsident Ronald Reagan den sogenannten *Gold Bullion Coin Act,* der bis heute Gültigkeit hat. Das Gesetz fordert von der *United States Mint* die Prägung von Goldmünzen mit einem Adlermotiv (Bild einer »Familie von Adlern«) auf der Rückseite und der »Liberty«-Statue auf der Vorderseite, die Kennzeichnung der Münze als gesetzliches Zahlungsmittel, die Einprägung des Goldgehaltes (22 Karat) und des Jahres der

Förderung des in der Münze enthaltenen Goldes sowie die Herstellung in Stückelungen von 1 Unze, 1/2 Unze, 1/4 Unze und 1/10 Unze. Das Gold muss aus amerikanischer Minenproduktion stammen. Wenn diese Menge nicht ausreicht, muss auf die Goldreserven der Vereinigten Staaten zurückgegriffen werden. Und die Produktionsmenge muss

ausreichend sein, um die öffentliche Nachfrage zu bedienen. Gewinne aus dem Verkauf der Goldmünzen müssen dem Finanzministerium zufließen, das damit die Staatsschulden reduzieren soll. Das ging von 1986 bis 2008 gut. Im August 2008 gestand die Münzprägeanstalt ein, sie müsse den Verkauf der Goldmünzen vorübergehend einstellen. Die Lieferengpässe hatten als Grund einen Produktionsengpass bei den Rohlingen, weil die Nachfrage enorm gewachsen war. Seither ist die Nachfrage nach Gold Eagles überall in den USA groß. Lieferbar sind aber zumeist nur 1-Unzen-Eagles, die seither in der Produktion Vorrang vor anderen Stückelungen haben.

American Buffalo

Der American Buffalo ist eine 24-Karat-Anlagegoldmünze (Feinheit 99,99 Prozent). Das Gewicht beträgt eine Feinunze (31,1035 Gramm). Er wird ebenfalls von der *United States Mint* seit Juni 2006 herausgegeben und in West Point im US-Bundesstaat New York geprägt. Es ist die erste von der *United States Mint* geprägte Feingoldmünze. Der Nennwert beträgt 50 Dollar. Die Münze ist in den Vereinigten Staaten offizielles Zahlungsmittel. Der amerikanische Büffel ist Namensgeber der Goldmünze. Manche Goldhändler nennen sie auch »Indian

Head«. Seit 2008 gibt es die Münze auch als 1/2, 1/4 und 1/10 Unze. Wie es bei allen Anlagemünzen üblich ist, übersteigt der Materialwert des Goldstücks die aufgeprägte Valuta (5 bis 50 Dollar) erheblich. Entsprechend orientiert sich der Marktwert der Prägung am täglichen Goldpreis. Das jährlich gleichbleibende Münzbild stellt auf der Vorderseite einen amerikanischen Ureinwohner samt dem Schriftzug »Liberty« dar (daher bei manchen Händlern die Bezeichnung »Indian

Head«). Die Rückseite zeigt einen Bison und den nationalen Wahlspruch »In God We Trust«. Der Rand der Goldmünze ist gekerbt. Zum Schutz der Feingoldmünzen werden die »Buffalos« in einer Noppenfolie vertrieben. Weil diese Anlagemünzen häufig schwer erhältlich sind, sollte die Verpackung nicht entfernt werden. Die Münze ist in allen EU-Staaten von der Mehrwertsteuer befreit.

Maple Leaf

Der kanadische Maple Leaf wird seit 1979 geprägt und hat in der Version von einer Unze ein Gewicht von 31,103 Gramm. In den ersten drei Prägejahren hatte er einen Feingehalt von 99,9 Prozent, seit 1982 sind es 99,999 Prozent. Die eine Seite zeigt als Motiv das kanadische Ahornblatt (englisch »maple leaf«), die andere Seite die britische Königin Elisabeth II. Prägestätte ist die *Royal Canadian Mint*. Der Maple Leaf hat mit einer Unze einen Nennwert von 50 kanadischen Dollar, die halbe Unze einen Nennwert von 20 kanadischen Dollar (Gewicht: 15,55 Gramm Feingold), die 1/4 Unze einen Nennwert von 10 kanadischen Dollar und 7,77 Gramm Gewicht, die 1/10 Unze einen

Nennwert von 5 kanadischen Dollar bei 3,11 Gramm Gewicht und die 1/20 Unze einen Nennwert von 1 Dollar bei 1,55 Gramm Feingold. Der Maple Leaf war nach dem Krügerrand die zweite international akzeptierte Anlagemünze.

Sovereign (GB)

Der Sovereign wurde erstmals 1489 von Heinrich VII. geprägt. Die Produktion wurde seither mehrmals für viele Jahre unterbrochen. Als Anlagemünze wurde der Sovereign ab 1957 geprägt. Auf der Rückseite der meisten Münzen ist der heilige Georg im Kampf gegen einen Drachen abgebildet. Der Sovereign hat einen Goldfeingehalt von 91,67 Prozent (22 Karat) und ein Goldfeingewicht von 7,23 Gramm (0,235 Unzen). Der Sovereign ist vor allem in Großbritannien eine beliebte Goldmünze.

Britannia

Die Gold-Britannia wird seit 1987 von *The Royal Mint* geprägt. Sie hat eine Feinheit von 22 Karat und zählt mit einem Marktanteil von rund einem Prozent zu den bekanntesten Anlagemünzen. Das auf der Goldmünze dargestellte Britannia-Motiv stellt die Personifizierung der Britischen Inseln dar und ist zugleich Namensgeber der Münzserie. Die Goldmünze ist in Großbritannien gesetzliches Zahlungsmittel. Die Gold-Britannia wird zum Goldpreis zuzüglich Prägeaufschlag gehandelt. Die Rückseite zeigt das Porträt von Königin Elisabeth II. und den Nominalwert. Der Rand ist gekerbt und wird ohne Inschrift geprägt. Bis 1989 wurde eine Kupferlegierung verwendet, um die Kratzfestigkeit der Münze zu erhöhen. Entsprechend haben die ersten Ausgaben einen rötlichen Farbton (Rotgold), während die aktuelleren Auflagen

über eine Silber-Kupfer-Legierung (Gelbgold) verfügen. Neben der Unze sind die Feingewichte einer halben, viertel und zehntel Unze Gold seit der ersten Ausgabe ununterbrochen erhältlich. Die Goldmünze ist in allen EU-Staaten von der Mehrwertsteuer befreit.

Australischer Kangaroo-Nugget

Die Münze wird seit 1986 geprägt und zeigt heute auf der Vorderseite ein Känguru und auf der Rückseite ein Porträt der britischen Königin Elisabeth II. Von 1986 bis 1989 zeigte sie auf der Vorderseite ein Nugget. Sie wird in der Stückelung 5, 15, 25, 50, 100 australische Dollar beziehungsweise 1/20 (1,5552 Gramm 999er Gold), 1/10 (3,11

Gramm), 1/4 (7,78 Gramm), 1/2 (15,55 Gramm) und 1 Unze (31,10 Gramm) geprägt. Die Münze wird in Perth hergestellt, hat eine Feinheit von 24 Karat und zählt zu den umsatzstärksten Goldmünzen der

Welt. Inzwischen gibt es sie auch mit einem Nominalwert von 200 australischen Dollar und einem Feingewicht von 2 Unzen (62,21 Gramm), einem Nominalwert von 1.000 Dollar in der 10-Unzen-Version mit 311,06 Gramm sowie als Kilogrammbarren mit einem Nominalwert von 3.000 australischen Dollar. Als Anlagemünze ist sie mit geringem Prägeaufschlag überall in der EU ohne Mehrwertsteuer erhältlich.

Australischer Lunar

Der Australische Lunar wurde 1996 zum ersten Mal von der australischen Münzprägeanstalt *(The Perth Mint)* ausgegeben. Jedes Jahr wurde einem der zwölf Tierzeichen des chinesischen Horoskops gewidmet. Das Ausgabejahr der ersten Lunar-Serie stand im Jahr der Ratte und endete mit dem zwölften Tierzeichen 2007, dem Schwein. Dem Jahr 1996 (Maus/Ratte) folgte 1997 der Ochse/Büffel, 1998 der Tiger, 1999 der Hase, 2000 der Drache, 2001 die Schlange, 2002 das Pferd, 2003 die Ziege, 2004 der Affe, 2005 der Hahn, 2006 der Hund und 2007 das Schwein. Der Lunar hat eine Feinheit von 99,99 Prozent und zählt inzwischen zu den begehrten Sammlermünzen.

Im Jahr 2007 kündigte Australien dann die Fortsetzung der beliebten Serie mit einer zweiten Prägungsreihe als »zweite Australische Lunar-Serie« an, beginnend mit dem Jahr der Ratte 2008. Die Münzen der zweiten Serie sind geringfügig größer als jene der ersten Serie. Die zweite Lunar-Serie hat 2008 als Motiv die Maus/Ratte, 2009 den Ochsen/Büffel, 2010 den Tiger und 2011 den Hasen. Die Planungen für die folgenden Jahre sind 2012 der Drache, 2013 die Schlange, 2014 das Pferd, 2015 die Ziege, 2016 der Affe, 2017 der Hahn, 2018 der Hund und 2019 das Schwein.

Den Australischen Lunar gibt es in allen Stückelungen zwischen 1/20 Unze und 32,158 Unzen (1 Kilogramm). In der Version von 2, 10 oder 32,158 Unzen bekommt man die Goldmünze jedoch fast nur im Herstellungsland Australien.

Schweizer Goldvreneli

Die bekannteste Schweizer Anlagemünze ist das 20-Franken-Goldvreneli. Sie enthält 5,807 Gramm Feingold. Die Münze wurde von 1897 bis 1949 mit einer Gesamtauflage von 58,6 Millionen geprägt. Das Goldvreneli besteht aus einer Legierung von 90 Prozent Gold und 10 Prozent Kupfer. Das Goldvreneli ist die Nachfolgerin der Helvetia, die von 1883 bis 1896 geprägt wurde. Im Jahr 1895 beschloss der Bundesrat die Umgestaltung der 20-Franken-Goldmünze. Als Kriterium für die neue Anlagemünze legte das eidgenössische Finanzdepartment ein schweizerisches nationales Motiv fest. Benannt wurde die Münze nach dem schweizerdeutschen Kosenamen für Verena. Im italienischen Sprachraum wird sie »Marengo Svizzero« genannt. Die Vorderseite aller Goldvreneli ziert das Profil einer nach links blickenden jungen Frau. Ihre hochgebundenen Haare sind zu einem Zopf geflochten. Edelweißblüten zieren ihr Kleid. Den Hintergrund bildet eine Bergkulisse. Von links nach rechts steht am oberen Münzrand der Schriftzug »HELVETIA«.

Die auf der Vorderseite abgebildete Frauenbüste befindet sich unterhalb des Schriftzugs, während der Künstlername »F. Landry« unten rechts, innerhalb des Perlkreises, vermerkt ist. Die Rückseite zeigt das Schweizerwappen inmitten der aufgeprägten Valuta »20 Fr«. Unterhalb des Motivs ist das Prägejahr hinterlegt, während sich rechts davon das Münzzeichen »B« befindet. In den Jahren 1911 bis 1922 gelangte zudem ein 10-Franken-Vreneli (2,6 Millionen Stück mit je 2,903 Gramm Feingold) und 1925 ein 100-Franken-Vreneli (5.000 Stück) zur Ausgabe. Das Motiv der Vorderseite ist identisch mit der 20-Franken-Prägung. Lediglich der Künstlername ist unten links vermerkt. Die Rückseiten der beiden Goldmünzen unterscheiden sich neben dem Nominal auch durch ihr Motiv. Dieses zeigt das Schweizerkreuz im Strahlenkranz oberhalb der Valuta, während darunter zwei einander umschlingende Alpenrosen und Enzianblütenzweige abgebildet werden. Das Münzzeichen »B« ist am unteren Rand vermerkt. Die Randschrift der 100-Franken-Münze ist erhaben und beinhaltet die Worte »Dominus Providebit« (Der Herr wird vorsorgen), das 10-Franken-Vreneli hingegen verfügt über einen gerippten Rand. In allen EU-Staaten gilt eine Mehrwertsteuerbefreiung.

Gold-Panda

Der Gold-Panda ist eine Anlagemünze der Volksrepublik China und wird von der *China Mint* geprägt. Seit 2006 ist die offizielle Ausgabestelle die *China Gold Incorporation.* Die Münze wurde zum ersten Mal 1982 ausgegeben. Die Vorderseite der Panda ziert der Himmelstempel

von Peking. Das Ausgabejahr steht am Boden. Auf dieser Seite findet sich auch der Schriftzug »Volksrepublik China« in chinesischen Buchstaben. Auf der Rückseite findet man Jahr für Jahr verschiedene Abbildungen von Pandas. Im Jahr 1982 wurden zunächst nur Pandas ohne Nennwert und in Stückelungen zu 1 Unze bis 1/10 Unze geprägt. Ab 1983 wurde eine Nennwertangabe im Revers hinzugefügt und die Stückelung um eine 1/20 Unze erweitert.

Nachdem viele Länder erfolgreich Anlagemünzen auf den Markt gebracht hatten, entschloss sich auch die *People's Bank of China* 1981 zur Ausgabe einer Goldmünze. Der aufwendig geprägte Gold-Panda wird jährlich mit einer Feinheit von 24 Karat (99,99) herausgegeben. Seit der Markteinführung 1982 wird die Goldmünze im Fachhandel als China Gold Panda geführt. Wie bei allen Anlagemünzen ist die aufgeprägte Wertangabe von untergeordneter Bedeutung, weil der Materialwert der Münze ein Vielfaches beträgt. Zum Schutz der Goldmünzen werden diese von ihren Prägestätten *(Shanghai* und *Shangyang Mint)* in einer Weichplastikfolie ausgeliefert. Da die Gold-Pandas aufgrund ihrer großen Beliebtheit bisweilen als Sammlermünzen gehandelt werden und damit über jahrgangsabhängige Aufpreise verfügen, sollte die Originalfolie nicht entfernt werden. Der Gold-Panda ist in allen EU-Staaten von der Mehrwertsteuer befreit.

Tscherwonez

Der Tscherwonez (Червонец) ist eine russische Goldmünze. Ursprünglich wurden in Russland westliche Goldmünzen als Tscherwonez bezeichnet. 1923 wurde erstmals eine russische Goldmünze mit dieser Bezeichnung geprägt. Ihr Gesamtgewicht beträgt 8,6 Gramm bei einem Feingehalt von 900/1.000, was einem Feingewicht von 7,7416 Gramm (fast 1/4 Unze) entspricht, mit dem Nominalwert von 10 Rubel. Von 1975 bis 1982 gab die Sowjetunion erneut Tscherwonez-Goldmünzen mit dem alten Motiv heraus. Diese waren vor allem in der Zeit der Olympischen Spiele 1980 für den Devisenerwerb bestimmt und wurden an Ausländer oder ins Ausland verkauft. Seit 1996 werden die Reste der »olympischen Tscherwonzen« durch die Zentralbank als Anlagemünzen verkauft. Nach einer Entscheidung der Zentralbank von Russland in Moskau im Jahr 2001 werden sie als rechtmäßiges Zahlungsmittel auf dem Territorium der Russischen Föderation genutzt.

Auf der Vorderseite der Goldmünze ist im Vordergrund ein Bauer beim Säen auf einem Feld dargestellt. Dabei verteilt er das Saatgut mit seiner rechten Hand. Der Saatgutbehälter wird mit der linken Hand und einem um die rechte Schulter verlaufenden Stofftuch gehalten. Rechts im Hintergrund sind Fabriken mit rauchenden Schloten abgebildet. Im linken Hintergrund befindet sich ein Pflug. Auf der Rückseite befinden sich ein von Weizenähren umrahmter Schild mit Hammer und Sichel und Sonnenstrahlen im Hintergrund im Zentrum der Goldmünze. Unter dem Schild steht »РСФСР« (RSFSR = Russische Sozialistische Föderalistische Sowjetrepublik). Und im Halbkreis über dem Wappen heißt es: »ПРОЛЕТАРИИ ВСЕХ СТРАН, СОЕДИНЯЙТЕСЬ!« (»Proletarier aller Länder, vereinigt euch!«).

Heiliger Georg (Russland)

Der Heilige Georg zu Pferd wird in Russland seit 2006 als Gegenstück zu der seit 500 Jahren anerkannten britischen Münze Gold Sovereign herausgegeben und hat mit einer Feinheit von 99,99 Prozent ein Feingoldgewicht von 7,78 Gramm. Die Anlagemünze wird ebenfalls von der Zentralbank der Russischen Föderation ausgegeben und von zwei Prägeanstalten – der Münze Moskau *(ММД)* und der Münze St. Petersburg *(СПМД)* – geprägt. Nachdem sich die Vorräte der Anlagemünze Tscherwonez in den Lagern der Zentralbank der Russischen Föderation um das Jahr 2000 dem Ende näherten, wurde in Moskau die Entscheidung über die Prägung einer neuen Anlegermünze getroffen: Georgii Pobedonosez (Георгий Победоносец, Heiliger Georg). Sie wurde im Februar 2006 mit einer Erstauflage von 150.000 Stück im Nennwert von 50 Rubel hergestellt. Auf der Rückseite des russischen

»Sovereigns« ist wie beim britischen Vorbild der Heilige Georg beim Töten eines Drachen abgebildet, aber im charakteristischen russischen Design. Im Zentrum der Vorderseite der Goldmünze steht (wie auf jeder russischen Münze) der doppelköpfige Adler. Er ist das Symbol und Wappen der russischen Nationalbank. Unter dem Wappen steht »Банк России« (Zentralbank der Russischen Föderation). Schriftzug und Wappen sind von einem Kreis kleiner Punkte umrandet. Die Rückseite des Gold-Rubels ziert der Heilige Georg, der auf einem Pferd sitzend einen unter dem Pferd kriechenden Drachen mit einer Lanze tötet. Der Rand der Goldmünze besitzt 134 Riffel.

Gold-Libertad

Der mexikanische Gold-Libertad (»Freiheit«) wird seit 1981 von der *Casa de Moneda de México* geprägt. Die Goldmünze ist gesetzliches Zahlungsmittel in Mexiko. Sie hat einen Goldfeingehalt von 99,99 Prozent. In der Ausgabe 1 Unze wiegt sie 31,103 Gramm. Das seit 1996 unveränderte Münzbild zeigt auf der Vorderseite die mexikanische Siegesgöttin vor zwei Vulkanen. Auf der abgebildeten Münze ist der Schriftzug »1 Onza Oro Pura 2007 Ley. 999« vermerkt. Die Rückseite zeigt das Landeswappen in Form eines Adlers, der eine Schlange erlegt. Während die Feingewichte zu 1 Unze, 1/2 Unze und 1/4 Unze von Anfang an geprägt wurden, kamen die Stückelungen zu 1/10 Unze und 1/20 Unze Gold erst seit 1991 hinzu. In allen EU-Staaten ist die Anlagemünze zudem von der Mehrwertsteuer befreit.

Der Gold-Dinar

Seit den 1990er-Jahren gibt es ausgehend von der muslimischen Welt die Bestrebung, den amerikanischen (Papier-) Dollar weltweit als Währung durch den Gold-Dinar zu ersetzen. Es waren europäische Muslime der »Murabitun«-Bewegung (Turmwächter), die den zu Zeiten Mohammeds im siebten Jahrhundert gültigen Gold-Dinar wiederentdeckt haben. Statt mit Papiergeld müsse endlich wieder mit Gold- und Silbermünzen, mit »Dinar« und »Dirham« bezahlt werden, wie zu Zeiten Mohammeds, fordern die Murabitun. Im Herbst 2001 prägten sie eine erste Goldmünze und nannten diese »Islamic Gold Dinar« (IGD – Islamischer Gold-Dinar). Sie fuhren damit nach Dubai und präsentierten sie zusammen mit dem Leiter der *Dubai Islamic Bank* der Öffentlichkeit. Dann wurden in der königlichen Münzprägeanstalt im asiatischen Malaysia Gold-Dinare in Serie geprägt. Malaysia führte 2002 den Gold-Dinar als Handelswährung ein.

Der heute wieder überall in der islamischen Welt erhältliche Gold-Dinar besteht aus 4,25 Gramm 917er Gold (22 Karat). Er zeigt auf der Vorderseite die Prophetenmoschee mit dem Grab Mohammeds in Medina und auf der Rückseite das islamische Heiligtum Kaaba in Mekka. Der Gold-Dinar ist weder offizielles Zahlungsmittel noch eine Währung, sondern eine Medaille. Er wird in der westlichen Welt nicht als Anlagemünze verwendet und ist von der EU auch nicht von der Einfuhrumsatzsteuer ausgenommen. Der Kauf ist demnach in der EU mehrwertsteuerpflichtig.

St. Gaudens Double Eagle von 1933

Es gibt Goldmünzen, die es eigentlich gar nicht geben dürfte. Dazu gehört die teuerste Goldmünze der Welt: der amerikanische Double Eagle aus dem Jahr 1933. Wenn Sie jemals eine solche Goldmünze mit dem Prägejahr 1933 angeboten bekommen, dann halten Sie zwar nur eine Feinunze Gold in Händen, aber diese hat dann einen Gegenwert von mehr als fünf Millionen Euro. Die nach dem Gestalter Augustus Saint-Gaudens benannte Goldmünze wurde in den USA zwischen 1907 und 1933 geprägt. Sie wäre heute nicht der Erwähnung wert und eine ganz normale Goldmünze wie viele andere auch, wenn der damalige US-Präsident Franklin Roosevelt nicht im März 1933 wegen der

Wirtschaftskrise den Goldbesitz verboten und verfügt hätte, dass die von der Münzprägeanstalt in Philadelphia 1933 bereits geprägten, aber noch nicht ausgelieferten 445.500 Goldmünzen des amerikanischen Double Eagle mit dem Prägejahr 1933 nicht in Umlauf kommen und wieder eingeschmolzen werden müssen.

Nur zwei dieser Münzen gingen an die staatliche amerikanische Münzsammlung der *Smithsonian Institution* in der Hauptstadt Washington. Diese beiden Münzen existieren dort noch heute. Weil die Double Eagle aus dem Jahr 1933 nie in Umlauf gingen, gelten sie aus Sicht der staatlichen Münzprägestätte nicht als gesetzliche Zahlungsmittel, sondern als Sammlermünzen. Doch dann gab es in New York am 30. Juli 2002 um 6 Uhr abends eine Sensation: Ein amerikanischer Double Eagle mit Prägejahr 1933 lag in einem kugelsicheren Tresor und wurde für 6,6 Millionen Dollar an einen anonymen Käufer versteigert. Das war mehr als das Doppelte, das bis dahin jemals für eine Münze bezahlt worden war.

Die erste Kuriosität ereignete sich unmittelbar nach Auktionsende. Henrietta Holsman Fore, Direktorin der staatlichen amerikanischen Münze, erklärte die Münze in einer Zeremonie zum gesetzlichen Zahlungsmittel. »Damit die Münze Zahlungsmittel wird, muss jemand 20 Dollar zahlen«, erinnert sich Auktionator Redden. Er sagte: »Also stieg ich vom Podium herab und gab ihr 20 Dollar«. Der Käufer, nach Angaben des Auktionators ein Amerikaner, der nur an dieser einen Münze interessiert war, nahm sie nie mit nach Hause, sondern gab sie als Leihgabe der amerikanischen numismatischen Gesellschaft, die sie wiederum als Dauerleihgabe der New Yorker *Fed* überließ – wo sie seither ausgestellt ist. Es gab also neben den zwei von Roosevelt 1933 an die staatliche amerikanische Münzsammlung der *Smithsonian Institution* übergebenen Münzen noch mindestens einen weiteren Double Eagle mit dem Prägejahr 1933. Aus inzwischen freigegebenen alten amerikanischen Geheimdienstunterlagen weiß man, dass Israel Witt, ein Gold- und Juwelenhändler aus Philadelphia, in den Jahren des Goldverbots mehrere Double Eagles mit dem Prägejahr 1933 an prominente US-Goldhändler und Sammler verkauft hatte. Eine wurde über einen Händler aus Texas an den damaligen ägyptischen König Faruq verkauft. Es war jene Münze, die 2002 in New York versteigert wurde. Heute gilt es als sicher, dass es noch einige wenige weitere Double Eagles mit dem Prägejahr 1933 in der Welt gibt, die dem Einschmelzen entgangen sind. Wahrscheinlich wissen die heutigen Besitzer nicht, welchen Wert diese haben. Seit 2009 wird die Münze wieder neu in den USA geprägt. Wenn Sie jemals ein Prägejahr 1933 finden und es sich nicht um eine Fälschung handelt, dann sollten Sie zugreifen.

Weitere interessante Goldmünzen

Es gibt neben den sehr bekannten Goldmünzen auch (noch) weniger bekannte. Einen kleinen Überblick bietet dieses Kapitel.

Deutsche 20-Euro-Goldmünze: Im Jahr 2010 hat die deutsche Bundesregierung erstmals eine 20-Euro-Münze mit einem Feingewicht von 1/8 Unze 999,9er Feingold (3,89 Gramm Feingold) herausgegeben. Sie ist Teil der Serie »Deutscher Wald«. Die Goldmünzen sind in Deutschland gesetzliches Zahlungsmittel und haben einen Nennwert von 20 Euro. Wie bei Anlagemünzen üblich, wird das aufgeprägte Nominal jedoch bereits vom Materialwert der Münze erheblich überschritten. Die Goldmünzen werden zu gleichen Teilen von den fünf deutschen Prägestätten in Berlin (A), München (D), Stuttgart (F), Karlsruhe (G) und Hamburg (J) gefertigt. Der Münzrand ist geriffelt und hat keine Inschrift. Aufgrund des geringen Feingewichts sind die Münzen für weite Sammlerkreise erschwinglich und die für deutsche Verhältnisse geringe Auflage sorgt für zusätzliche Nachfrage.

Österreichisch-ungarische Goldkrone: Die Goldkrone wurde seit der Währungsreform im Jahr 1892 als österreichisch-ungarische Goldwährung eingesetzt und bis in das Jahr 1915 geprägt. Die 10, 20 und

100 Kronen sind die Nachfolger der Dukaten. Sie haben eine Feinheit von 900. Eine 100-Kronen-Goldmünze hat 30,488 Gramm Gold, eine 20-Kronen-Münze hat 6,098 Gramm Gold und eine 10-Kronen-Münze 3,049 Gramm Gold. Das Münzbild zeigt ein Porträt von Franz Joseph I. (1848 bis 1916) auf der Vorderseite, während die Rückseite den doppelköpfigen kaiserlichen Adler abbildet. Die Goldkronen (sie wurden bis in die 1990er-Jahre offiziell nachgeprägt) sind häufig im Fachhandel anzutreffen und für Anleger aufgrund des geringen Aufgelds der Nachprägungen interessant. Zudem sind die Goldmünzen in allen EU-Staaten von der Mehrwertsteuer befreit.

Deutsches Kaiserreich – 20 Goldmark: Die Mark war ab 1871 die Währung des deutschen Kaiserreiches. Diese »Reichsmark« war eine goldgedeckte Währung. Ihr Goldgehalt lag bei 0,35842 Gramm Feingold je Mark. Von »Goldmark« im engeren Sinne spricht man nur bei den damaligen Goldmünzen mit einem höheren Feinheitsgrad. Die 20 Goldmark wurden von 1872 bis 1915 geprägt. Sie haben eine Feinheit von 900 und bei einem Gesamtgewicht von 7,965 Gramm ein Goldgewicht von 7,169 Gramm. Die historische Bezeichnung der kaiserlichen Reichsgoldmünze lautet »Doppelkrone«, während die Prägung heute meist unter dem Namen »20 Goldmark« angeboten wird. Das Motiv der Vorderseite konnte von jedem Bundesstaat des Kaiserreichs individuell gestaltet werden und bildet zumeist den jeweiligen Monarchen ab (etwa Wilhelm I. oder Wilhelm II.). Eine Ausnahme stellen die freien Städte Hamburg, Bremen und Lübeck dar, die stattdessen ihr Stadtwappen prägten. Die Rückseite der Münze zeigt den Reichsadler. Insgesamt wurden fünf Millionen Stück als »Reichskriegsschatz« eingelagert. Daher gibt es auch heute noch Erstprägungen aus dem Jahr

1872 in gutem Erhaltungszustand. Die kaiserlichen Goldmünzen sind auch heute noch gängige Anlageobjekte und werden mit einem im Verhältnis zum Feingewicht geringen Aufgeld gehandelt. Es sei jedoch darauf hingewiesen, dass viele »Hausmann-Fälschungen« in Umlauf sind, deren Feingewicht, Legierung, Maße und Motive zwar mit den Originalen übereinstimmen, jedoch stammen sie aus den 1970er-Jahren. Es handelt sich um Goldmarkfälschungen des bekanntesten Fälschers von Goldmünzen des Deutschen Kaiserreichs, Dr. Schmidt und seiner Schwester Ilona Hausmann. Beide nutzten eine Gesetzeslücke aus, stellten jahrelang große Mengen deutscher »Reichsgoldmünzen« her und brachten sie in Umlauf. Dieser Umstand beeinflusst den Sammlermarkt für solche Goldmünzen bis heute. Man schätzt, dass möglicherweise bis zu 95 Prozent der noch heute im Umlauf befindlichen Goldmünzen des Kaiserreichs Hausmann/Schmidt-Fälschungen sind. Vom Erwerb von hochpreisigen Stücken ist deshalb abzuraten. Die Goldmark des Kaiserreichs sollte man nur zum Goldpreis mit einem geringen Aufschlag kaufen.

Dänische Goldkrone: Die Krone ist offizielle Währungseinheit in Dänemark, auf den Färöer-Inseln sowie auf Grönland (beide gehören zu Dänemark). Von 1873 bis 1931 wurden von Dänemark Goldmünzen

in der Kronenwährung aufgelegt. Es sind heute reine Goldanlagemünzen. Sie haben eine Feinheit von 900 (zuzüglich 100 Teilen Kupfer), wobei die dänischen 20-Goldkronen einen Goldgehalt von 8,062 Gramm und die 10-Kronen-Versionen einen Goldgehalt von 4,031 Gramm haben. Weil nur wenige überdurchschnittlich gut erhaltene Exemplare einen Sammlerwert erzielen, eignen sie sich generell wegen des ansonsten geringen Händleraufschlags und der Mehrwertsteuerbefreiung als Anlagemünzen.

Gold-Lira Italien: Die historische Anlagemünze verwirrt in ihren vielfältigen Erscheinungsformen viele Goldliebhaber. Selbst bei gleichem Nennwert gibt es sehr unterschiedliche Ausführungen. Ihre Prägung, Gewicht und Durchmesser können je nach Jahrgang erheblich voneinander abweichen. Interessant sind als Anlagemünze nur die auflagenstarken Prägejahre mit einem gängigen 900er Feingoldgehalt und einer 100er Kupferbeimischung. Die historische Lira war als Handelsmünze im Umlauf und gilt damit als mehrwertsteuerbefreite Währungsgoldmünze. Nachdem 1861 das Königreich Italien entstanden

war, wurden von der italienischen Münze ab 1861 und bis 1940 Goldmünzen mit unterschiedlichen Nennwerten geprägt. Mehrfach wechselte in der Prägezeit der amtierende italienische König, sodass die Motivseite beispielsweise König Viktor Emanuel I., Umberto I. oder Viktor Emmanuel II. zeigt. Die meisten Exemplare finden sich heute von den 20-Lire-Goldmünzen. Sie wurden von 1861 bis 1923 in 900er Feingold (21,6 Karat) geprägt und haben bei einem Münzgewicht von 6,45 Gramm einen reinen Goldanteil von 5,8 Gramm.

Goldgulden Niederlande: Der niederländische Goldgulden ist eine historische Anlagemünze aus der Regierungszeit der ersten niederländischen Königin Wilhelmina und wurde von 1892 bis 1933 geprägt. Der Goldgulden enthält 900er Feingold und eine 100er Kupferzugabe. Er war offizielle Währung des niederländischen Königreichs und gilt somit in der EU als von der Mehrwertsteuer befreite Anlagemünze. Zusammen mit dem nur geringen Aufschlag auf den Materialwert bietet sich der Goldgulden für ein gut sortiertes Edelmetall-Portfolio

an. Er zeigt das Porträt der Königin Wilhelmina. Es gibt den Goldgulden mit einem Nennwert von 10 Gulden mit 6,056 Gramm Feingold und (geprägt nur 1912) auch ein 5-Gulden-Goldstück mit 3,024 Gramm Feingold.

Napoleons (Francs Gold Napoleon III.): Von 1852 bis 1970 prägte Frankreich diese historische Goldmünze in einer bemerkenswert hohen Stückzahl. Es handelt sich wegen der hohen Stückzahl nicht um eine Sammlermünze, sondern um reine Anlagemünzen, die innerhalb der EU beim Kauf nicht der Mehrwertsteuer unterliegen. Sie haben wie damals üblich einen Goldgehalt von 900er Feingold mit einer die

Kratzfestigkeit erhöhenden Kupferbeimischung. Diese Goldmünzen aus der Zeit Napoleons III., die auch verkürzt einfach nur Napoleons genannt werden, dokumentieren sowohl die Zeit der Republik wie auch des Kaiserreichs Frankreich in ihren Ausführungen. Bei der Erstprägung 1852 war Frankreich noch eine Republik, um im gleichen Jahr zum Zweiten Französischen Kaiserreich zu werden. Auf der Motivseite der ersten Gold-Napoleons ist Louis-Napoleon Bonaparte, ein Neffe Napoleon Bonapartes, in seiner Funktion als gewählter Präsident dargestellt. Es gibt die Goldmünze mit einem Nennwert von 5 Francs und 1,452 Gramm Feingold, 10 Francs und 2,903 Gramm Feingold, 20 Francs und 5,806 Gramm Feingold, 50 Francs und 14,516 Gramm Feingold sowie 100 Francs und 29,032 Gramm Feingold.

Gold-Marianne (Frankreich): Die 20-Francs-Goldmünze wurde zwischen 1899 und 1914 in Frankreich mit 5,806 Gramm Feingold geprägt und ist heute vor allem unter dem Namen »Marianne« bekannt. Alle Prägejahre ab 1906 sind wegen ihrer hohen Stückzahl Anlagemünzen. Marianne-Goldmünzen haben einen Goldgehalt von 900er Feingold

und eine 100er Kupferbeimengung zur Erhöhung des Härtegrades. Weil die Marianne-Goldmünze in Frankreich anerkanntes Zahlungsmittel war, ist sie innerhalb der EU von der Mehrwertsteuer befreit.

Türkische Gold-Lira: Unter den Anlagemünzen ist die türkische Lira eher selten anzutreffen. Seit den zwanziger Jahren des letzten Jahrhunderts wird zwar auch bei den türkischen Münzen die lateinische Schrift in der Prägung eingesetzt. Dennoch ist es für europäische Käufer immer noch schwierig, die Münzen in Prägejahr und Nennwert zweifelsfrei zu identifizieren. Immerhin gibt es türkische Gold-Lira mit 999er oder 900er Feingoldgehalt. Sie sind wegen des geringen Händleraufschlags zwar durchaus als Anlagemünze geeignet. Aber nur dann, wenn man weiß, welchen Feingoldgehalt sie tatsächlich haben. Die staatliche türkische Münzprägeanstalt untersteht der 1931 gegründeten Türkischen Zentralbank. Sie ging aus der 1863 gegründeten Ottomanischen Bank hervor. Türkische Lire werden mit einer Vielzahl von Motivseiten geprägt. Es gibt bei diesen ebenso eine stilisierte Darstellung des Halleyschen Kometen wie ein Siegel des Propheten oder eine Goldmünze anlässlich des Jahres des Kindes. Aufgrund dieser häufig wechselnden Prägungen ist eine genaue Auflistung der Lira-Goldmünzen endlos. Europäer können nur das Prägejahr erkennen, das auf der Motivseite in arabischen Ziffern geprägt ist. Die am häufigsten geprägte türkische Lira in Gold wurde mit einem Nennwert von 10.000 Lire herausgegeben. Sie hatte einen Durchmesser von 26,5 Millimeter und ein Gewicht von 17 Gramm. Der Feingoldgehalt liegt bei 90 Prozent mit einer Kupferbeimischung von 10 Prozent. Sonderprägungen in niedriger, zum Teil nur knapp die 1.000-Stück-Grenze übersteigender Auflage wurden jedoch mit einem deutlich höheren Feingoldgehalt herausgegeben. Die Identifikation dieser Münzen ist für Europäer immer schwierig.

Gold-Yen (Japan): Japanische Gold-Yen gehören zu den Exoten unter den Anlagemünzen. Für Anleger interessant sind nur die Gold-Yen, die anlässlich Thronjubiläen herausgegeben wurden, etwa zum 60-jäh-

rigen Thronjubiläum von Kaiser Hirohito. Sie wurden 1986/87 im Gegensatz zu vielen anderen japanischen Goldmünzen in großer Stückzahl (rund 900.000 Exemplare) geprägt und von der *Japan Mint* herausgegeben. Der Hirohito-Gold-Yen hat eine Feinheit von 999 und wiegt 20 Gramm. Der Akihito-Gold-Yen hat ein Feingoldgewicht von 30 Gramm.

Vorsicht Abzocker

Gefälschte Goldbarren

Seit 2009 wissen Goldhändler, dass gefälschte Goldbarren in Umlauf sind. Heute weiß man, dass die ersten Fälschungen aus den Vereinigten Staaten kamen. Seither führen gute Edelmetallhäuser Echtheitsprüfungen an den Goldbarren durch, um ihre Kunden vor Betrug zu schützen. Im Oktober 2009 wurde auch in einem offiziellen Goldlager in Hongkong eine große Zahl von 400-Unzen-Goldbarren entdeckt, die einen massiven Kern aus Wolfram hatten und nur mit einer dünnen Goldschicht bedeckt waren. Wolfram hat die gleiche Dichte (also bei gleichem Volumen das gleiche Gewicht) wie Gold, kostet aber nur einen Bruchteil. Für Fälscher ist es ein ideales Material, um »Goldbarren« zu füllen. Bei den Ermittlungen in Hongkong wurde bekannt, dass es solche Fälschungen seit 1994 in den USA gibt. Betroffen waren nur die 400 Unzen schweren Wolframkern-Goldbarren.

Es ist nicht einfach, Goldbarren zu fälschen. Denn Wolfram hat einen anderen Schmelzpunkt als Gold. Wolfram hat nach Kohlenstoff den höchsten Schmelzpunkt, während Gold einen niedrigen Schmelzpunkt hat. Man benötigt ein größeres Labor und viel Fachwissen, um ausgebohrte (echte) Goldbarren fugenlos mit Wolfram auszugießen. Denn die beim Auskühlen entstehende Spannung zwischen den beiden Metallen führt fast immer zu Rissen und Verwerfungen. Zudem muss die beim Aufbohren geöffnete Stelle des Goldbarrens noch mit Gold überzogen werden. Auch dabei gibt es schnell neue Risse. Solche Fälschungen kann man heute leicht entdecken: Mit Ultraschall und mit Röntgenaufnahmen wird abgeklärt, ob es verschiedene Schichten im Inneren eines Barrens gibt. Und Fachleute können mit einem

Hämmerchen auch am helleren Klang einen Wolframbarren von einem Goldbarren unterscheiden.

Alle großen Anbieter physischer Edelmetalle bieten ihren Kunden heute eine Ultraschallüberprüfung der bei ihnen gekauften oder eingelagerten Goldbarren an. Dabei werden Ultraschallgeräte eingesetzt, wie sie auch zur Untersuchung von Ungeborenen im Mutterleib benutzt werden. Selbst Laien können auf den Bildern sofort sehen, ob es Unregelmäßigkeiten im Inneren eines Goldbarrens gibt. Zeigt ein Barren tatsächlich Unregelmäßigkeiten oder verdächtige Strukturen in seinem Inneren, dann wird er eingeschmolzen und auf seine Reinheit hin überprüft.

Seit etwa 2010 werden gefälschte Goldbarren immer häufiger bei Internetauktionshäusern angeboten. Der Testkauf eines europäischen Goldgroßhändlers bei Internetauktionsbörsen hat in jenem Jahr eine kaum glaubliche Zahl von dort angebotenen Fälschungen offenbart. Von 20 bei *Ebay* ersteigerten Barren mit einem Gewicht von 100 oder 250 Gramm hatten demnach 19 einen für die Käufer nicht erkennbaren Kern aus Wolfram. Keine Fälschungen wurden demgegenüber bei kleinen Stückelungen und bei gängigen Goldmünzen wie Krügerrand und Wiener Philharmonikern entdeckt. Der Aufwand für die Fälschungen lohnt sich demnach bei diesen kleinen Stücken (noch) nicht.

Nun fallen allerdings nicht nur Privatleute auf gefälschte Goldbarren herein. Im Jahre 2008 verkaufte die Äthiopische Zentralbank Gold an Südafrika. Die Südafrikaner prüften die Ware und schickten sie sofort empört zurück, denn das »Gold« der Äthiopier waren Stahlklumpen, die nur goldig schimmerten. Die äthiopische Regierung ließ dann alle Goldbestände in den Tresoren der Zentralbank überprüfen. Und es fanden sich auch dort weitere Fälschungen.

Während Edelmetall-Fachhändler immer wieder behaupten, es seien keine gefälschten Goldbarren in Umlauf, beweisen Gerichtsurteile im deutschsprachigen Raum seit Jahrzehnten das Gegenteil. Nur ein Beispiel von vielen: Das Wiener Landgericht verurteilte im Juni 1984 einen Italiener zu fünf Jahren Haft, weil dieser gefälschte Goldbarren in Umlauf gebracht hatte. Dabei arbeitete der Mann mit einem Angestellten der Bank von England zusammen, der ihm Prägestempel für Goldbarren verschaffte und den Goldbarren so den Anschein der Echtheit verschaffte (Aktenzeichen GZ 7 b Vr 14052/83-138).

Seit 2010 verkauft ein chinesisches Unternehmen über das Internet weltweit gefälschte Goldbarren – mit Echtheitszertifikat für die Fälschung! Die Firma *China Tungsten* (Wolfram heißt auf englisch »tungsten«) wirbt für Wolframlegierungen als Goldersatz und verspricht »innovative Anwendungsmöglichkeiten«. Gemeint ist damit offenkundig der Betrug an arglosen Käufern, denn die Barren werden mit Prägestempeln renommierter Goldscheideanstalten vertrieben. Das Unternehmen *China Tungsten* vertreibt »Goldringe« mit Wolframkern, »Goldketten«, »Goldmünzen« und »Goldbarren«. Äußerlich ist diesen nicht anzusehen, dass es sich um Imitate handelt. Auf der Internetseite heißt es dazu: »Eine Münze mit Wolframkern, die von uns mit Gold ummantelt wurde, kann allein durch Dichtemessung nicht als Fälschung identifiziert werden. [...] Wir sind es gewohnt, andere, innovativere Anwendungsgebiete für Wolframprodukte auszuschöpfen. Goldbeschichtetes Wolfram ist eines unserer Hauptprodukte.« Bei *China Tungsten* werden vergoldete Wolframbarren in jeder gewünschten Menge und in Stückelungen von 1 Unze bis zu 12,44 Kilogramm angeboten – die Firma ermahnt ihre Kunden aber dazu, die Produkte nur für legale Zwecke einzusetzen. (Auf der Webseite heißt es dazu in englischer Sprache: »Chinatungsten Online (Xiamen) Manu.&Sales Corp. *is a very professional and serious company, specializing in manufacturing and selling tungsten related products for more than two decades. Our gold-plated tungsten alloy jewelry are only for souvenir and decoration purpose. Here we declare: Please do not use our gold-plated tungsten alloy products for illegal purpose*«).

Wie schützt man sich als Privatmann vor unliebsamen Überraschungen? Heute gibt es Ultraschall-Schichtdicken-Messgeräte schon für weniger als 200 Euro. Genau wie mit den weiter oben schon beschriebenen professionellen Geräten kann damit auch der Laie einfach und genau messen, ob ein angebotenes Produkt tatsächlich vollständig aus Gold besteht oder ob es sich um eine Attrappe handelt. Solche Geräte haben einen kombinierten Sender/Empfänger-Kopf, der Ultraschallwellen aussendet und zugleich das Echosignal empfängt. Das vom Messkopf ausgesendete Ultraschallsignal wird bei einem intakten Barren von der gegenüberliegenden Seite des Barrens reflektiert und vom Messkopf wieder empfangen. Das Gerät berechnet aus der bekannten Schallgeschwindigkeit von Gold und der Laufzeit des Signals eine bestimmte Sollwandstärke des Barrens. Diese errechnete Wandstärke muss mit der tatsächlichen Wandstärke des Barrens übereinstimmen. Bei einem gefüllten Barren erhält man Messwerte für die Wandstärke des Barrens, die nicht mit der gemessenen Wandstärke übereinstimmen. Diese preiswerten Geräte entdecken den schlechten Schallübergang vom Goldmantel auf einen eingegossenen Wolframkern. Die Ablesegenauigkeit liegt im Bereich von +/– 0,1 Millimeter Wandstärke. Mit solchen preiswerten Geräten können Barren mit Wandstärken im Bereich von fünf Millimeter bis 100 Millimeter exakt überprüft werden. Bei Wandstärken unter fünf Millimetern sind sie noch nicht ausgereift und unzuverlässig.

Wer immer noch den Beteuerungen von Goldfachhändlern glaubt, dass es auf dem Markt in der Realität keine Fälschungen gebe, der sei darauf hingewiesen, dass die Degussa-Hüls AG im Jahre 2000 ein Patent auf die »Echtheitsprüfung von Edelmetallformkörpern« angemeldet hat. Es trägt beim Europäischen Patentamt die Nummer mit dem Aktenzeichen EP 001023761. Wenn es am Markt nicht ein Problem mit Fälschungen gäbe, würde ein Unternehmen ein solches Patent ganz sicher nicht benötigen.

Der wirksamste Schutz vor Fälschungen beim Goldkauf ist die sorgfältige Auswahl des Verkäufers. In diesem Zusammenhang sei vor dem Ankauf von »Autobahngold« gewarnt. Mit »Autobahngold« bezeichnet man täuschend echt gestempelten, aber in Wahrheit unechten Schmuck, der vor allem auf Autobahnraststätten und Parkplätzen einem meist ahnungslosen Käufer unter einem fadenscheinigen Grund zum Kauf angeboten wird. Es handelt sich um vorsätzlichen Betrug, bei dem die Käufer abgezockt werden sollen. Die vergoldeten Plagiate werden mit fantasiereichen Schilderungen einer finanziellen Notlage dem Opfer als angeblich hochwertige Objekte zum Kauf angeboten. Das angebotene Material hat nur eine dünne Goldschicht. Es handelt sich um eine unedle Messinglegierung, die aus Kupfer, Zink und Blei besteht (»Goldmessing« oder »Schmuckgold«). Das Vorgehen der Banden funktioniert immer nach dem gleichen Muster: Ein Fremder tritt an einen potenziellen Käufer heran und schildert eine bedauerliche Notlage, etwa einen Fahrzeugdefekt oder leeren Tank. Dabei spekuliert man auf die Naivität und Gutmütigkeit des Käufers. Ganz zufällig gibt es ein »einmaliges Angebot«, um an Bargeld zu kommen. Der Verkäufer hat ganz zufällig einen angeblich wertvollen Schatz aus Feingold dabei, von dem er sich nun zum Spottpreis trennen wolle. Man erkennt die Fälschungen oft schon als Laie an der falsch vorgenommenen Prägung über den angeblichen Goldfeingehalt. Denn meist werden beispielsweise übereinanderstehende »18k« oder »18ct« und »0,750« in einer Umrandung benutzt, welches allerdings lediglich für echtgoldene Uhrengehäuse zulässig ist. Generell gilt: Wer auf der Straße von Unbekannten Gold kauft, der wird mit extrem hoher Wahrscheinlichkeit betrogen.

Vorsicht bei Goldautomaten

In Deutschland gibt es inzwischen 14 Goldautomaten. An ihnen kann man Gold wie Getränke oder »normales« Geld am Automaten einfach und schnell ziehen. Es ist so einfach wie im Falle von heißem Kaffee, Süßigkeiten oder Zigaretten. Seit August 2011 steht eines dieser Geräte etwa am Bremer Flughafen, ein weiteres in einem Einkaufszentrum im Westen der Stadt. Auch in Frankfurt/Main und vielen anderen deutschen Städten gibt es jetzt Goldautomaten. Man kann dort Goldbarren in der Größe von einem bis 250 Gramm kaufen. Hinter dem Geschäftsmodell steht die Firma *Ex Oriente Lux AG*, die weltweit 25 solcher Goldautomaten betreibt.

Man muss an diesen Automaten keine Angst vor Fälschungen oder

Verunreinigungen des Goldes haben. Aber sie sind eine Renditefalle. Zwar ist es einfach, dort zu kaufen: Denn man bezahlt mit der Bankkarte. Und das Geld wird vom Konto abgebucht. Die Abwicklung ist auf den ersten Blick sogar unkomplizierter als im Onlinehandel. Der entscheidende Nachteil: Der Automat kann den Preis nicht ständig aktualisieren. Die hinter den Automaten stehenden Händler müssen mit hohen Sicherheitsaufschlägen kalkulieren. Die Händler müssen die Automaten ja bevorraten. Und sie müssen das Gold so einkaufen, dass sie garantiert keinen Verlust, sondern einen Gewinn machen. Händler, die solche Automaten bevorraten, gehen ständig Wetten über den Goldpreis der nächsten Tage ein. Im Klartext heißt das: Sie müssen Kunden finden, die aus reiner Bequemlichkeit mehr zahlen als sie bei einem ruhigen Preisvergleich zahlen müssten. Die Kosten am Goldautomaten werden für ein Stück Gold in aller Regel deutlich höher sein als bei einem günstigen und ebenso seriösen Onlinehändler. Vielleicht sind sie sogar höher als bei einem Juwelier. Dafür aber stehen diese Automaten künftig in Deutschland, in Österreich und in der Schweiz an Flughäfen, Bahnhöfen, in Einkaufszentren, auf Kreuzfahrtschiffen, in Hotels und Casinos.

Vorsicht bei Altgoldaufkäufern

Haben auch Sie sich schon darüber gewundert, dass es mittlerweile in jeder Fußgängerzone alle paar Meter einen kleinen Laden gibt, der Gold ankauft?

In den deutschsprachigen Ländern gibt es viel Altgold: in Schubladen und Schachteln, als Ringe, Uhren, Armbänder. Der hohe Goldpreis lockt jene an, die dringend Papiergeld brauchen, und lässt die Erinnerung an alte Großtanten verblassen. In fast jeder Stadt sind Altgoldkäufer unterwegs, in vielen Zeitungen inserieren sie. Wenn der Goldpreis steigt, dann locken viele Altgoldaufkäufer mit angeblich guten Angeboten. Für Schmuck und Münzen, für Barren und Zahngold versprechen sie »Spitzenpreise«. Doch solche Lockangebote bergen erhebliche Risiken für die privaten Verkäufer. Inzwischen warnen auch die Verbraucherzentralen vor Altgoldaufkäufern, die im Laden und per Postversand Geschäfte machen.

In der Tageszeitung, auf Schildern in und vor Geschäften und nachts in der TV-Werbung – überall wollen Händler sofort Altgold, Zahngold oder Bruchgold ankaufen. Doch dabei ist Vorsicht angesagt, denn oft gibt es nur Niedrigpreise. Man muss wissen, dass nur der reine Materialwert (anhand des Feingoldgehalts) berechnet wird. Wenn also Goldschmuck in tadellosem Zustand zum Verkauf steht, sollten Sie diesen vorher bei mehreren Juwelieren schätzen lassen, um dann beim Goldverkauf den besten Preis erzielen zu können. Wenn Sie Goldmünzen oder Goldbarren verkaufen möchten, ist ein Goldankauf trotz des Namens oft die falsche Adresse. Denn da werden deutlich niedrigere Kurse bezahlt, als Ihnen ein seriöser Edelmetallhändler/Goldhändler anbieten wird.

Viele Tests belegen: Wenn man fünf verschiedene Goldaufkäufer nach einem Preis für Gold fragt, dann erhält man fünf verschiedene Angebote. Auffällig ist vor allem: Goldaufkäufer, die augenscheinlich ein großes Budget für Werbung haben, zocken in dreister Art und Weise ahnungslose Menschen ab, die ihre Edelmetalle gewinnbringend verkaufen wollen oder müssen. Bevor man also sein Gold dem erstbesten Händler gibt, sollte man auf jeden Fall möglichst viele Angebote einholen. Wer sicher sein will, dass er nicht betrogen wird, der rechnet vorher den aktuellen Gegenwert seiner Edelmetalle mit einem der vielen im Internet verfügbaren Goldpreisrechner aus. Dazu muss man nur die Legierung kennen und eine gute Lebensmittelwaage haben, die auch kleine Gramm-Mengen erfasst. Wer das nicht möchte, der kann Gold auch an seriöse Anbieter per Post verschicken und professionell analysieren lassen.

Die Besteuerung von Gold in Deutschland

Das deutsche Steuerrecht macht bei der Besteuerung von Gold Unterschiede: Mal fordert der Fiskus den Steuerhöchstsatz und manchmal will er gar keine Steuer. Aus der Sicht des deutschen Finanzamtes kann

Goldbesitz der Einkommensteuer, der Abgeltungsteuer, der Mehrwertsteuer und der Erbschaftsteuer unterliegen. Nachfolgend ein Überblick über Goldinvestments und wie sie besteuert werden (Stand Dezember 2011): Reines Anlagegold ist in allen Mitgliedsstaaten der Europäischen Union seit Januar 1993 nicht mehr umsatzsteuerpflichtig. Im Klartext heißt das: Es fällt beim Kauf oder Verkauf keine Mehrwertsteuer an. Zum Anlagegold gehören Goldbarren mit einem Feingehalt von mindestens 99,5 Prozent und Goldmünzen, die in ihrem Herkunftsland gesetzliches Zahlungsmittel waren oder sind. Sie müssen allerdings nach dem Jahr 1800 geprägt worden sein und einen Feingehalt von mindestens 90 Prozent haben. Der Verkauf solcher Goldbarren oder Münzen ist aus Sicht deutscher Finanzbehörden ein privates Veräußerungsgeschäft und unterliegt damit nicht (wie etwa Wertpapiere) der Abgeltungsteuer. Das ergibt sich aus Paragraf 23 Absatz 1 Nr. 2 des Einkommensteuergesetzes von 2009. Wer mit dem Verkauf mindestens ein Jahr wartet, muss einen möglichen Gewinn also nicht versteuern. Wer Anlagegold vor diesem Zeitpunkt veräußert, der muss den möglichen Gewinn mit seinem persönlichen Steuersatz versteuern (sofern die Freigrenze von 600 Euro überschritten wird). Alle anderen Formen von physischem Gold (etwa Schmuck oder Sammlermünzen) unterliegen der vollen Mehrwertsteuerpflicht.

Wer Gold bei einer Bank im Schließfach eingelagert hat, der kann die Miete für Schließfächer oder Tresore nicht von der Steuer absetzen.

Wer nicht physisches Gold besitzt, sondern Wertpapiere des Goldmarktes (Goldfonds, Gold-ETFs, Gold-ETCs, Aktien von Goldminenbetreibern und Goldminenfonds oder Goldzertifikate), der unterliegt der Abgeltungsteuer. Wie bei allen Wertpapiergeschäften nimmt sich der Fiskus 25 Prozent des Gewinns. Hinzu kommen der Solidaritätszuschlag und gegebenenfalls die Kirchensteuer. Auch beim *Xetra-*Gold unterliegen Gewinne aus dem Verkauf der Papiere der Abgeltungsteuer (Az. IV C 1-S 2252/ 08/10004). Auch dort sind Solidaritätszuschlag und Kirchensteuer fällig.

Bei einer Erbschaft zählt Gold völlig unabhängig von der jeweiligen Anlageform ebenso wie das sonstige Bar- oder Wertpapiervermögen zum Nachlass des Verstorbenen. Es greifen demnach je nach Verwandtschaftsgrad die Freigrenzen und Steuersätze. Wie auch bei Wertpapieren wird das Gold dann vom Finanzamt zum Stichtag bewertet, dem Todestag des Erblassers.

Argumente gegen Gold

Mit der Einführung von Papiergeld schufen Politiker und Banker die Möglichkeit, mit Hilfe der Notenpresse (und ohne Kosten) unbegrenzt »Geld« produzieren zu können. Regierungen konnten seither ohne Rücksicht auf die Finanzierbarkeit von Ausgaben Kriege führen oder Wohltaten in der Bevölkerung verteilen. Alle großen Kriege der vergangenen Jahrzehnte waren nur möglich, weil es keinen Goldstandard mehr gibt, also für Papiergeld kein physisches Gold als Sicherheit hinterlegt werden muss. Ohne die Aufgabe des Goldstandards könnten Regierungen keine langen Kriege mehr führen. In der Geschichte war es für Fürsten, Könige und Kaiser stets das größte Problem, Kriege finanzieren zu können. Heutige Regierungen drucken einfach Geld. Sie gehen mit den Banken eine Symbiose ein: Die Banker erzeugen Geld aus dem Nichts (»Fiat Money«), damit Politiker Wohltaten ohne Steuererhöhungen im Wahlvolk verteilen oder aber Kriege führen können. Im Gegenzug erlangen Banken mit dem sich so vermehrenden Geld immer größere Macht über die Wirtschaft und gelten irgendwann als »systemrelevant«.

Vor diesem Hintergrund ist Gold für Politiker und Banken eine Gefahr. Denn je mehr Menschen aus dem Papiergeld in Gold flüchten, umso anfälliger wird das System des Papiergeldes. So ist es denn kein Wunder, dass staatliche Medien und Banken häufig Argumente gegen den Goldbesitz vorbringen. Die wichtigsten wollen wir nachfolgend analysieren: Häufig wird behauptet, für physisches Gold bekomme man keine Zinsen. Allerdings kaufen wir auch Immobilien und viele andere Wertgegenstände wie etwa Schmuck, ohne uns Gedanken über »Zinsen« zu machen. Das Argument, Gold bringe keine Zinsen, entlarvt sich selbst. Denn ein Wert wie Gold kann im Gegensatz zu Papiergeld nicht vernichtet werden. Gold kann den Eigentümer wechseln – es mag im Preis fallen oder steigen, aber es hat auf lange Sicht niemals an Wert verloren. Wer Gold hat, der benötigt keine Zinsen. Denn die Wert- und Kaufkrafterhaltung des Goldes hat alle Preissteigerungen des Kreditgeldsystems deutlich übertroffen. Man kann das an vielen Beispielen belegen, nehmen wir nur den Euro: Eine Studie der Allianz zeigt im Januar 2011, wie stark der Euro seit Einführung der Währungsunion an Wert verloren hat. Von Januar 1999 bis Januar 2011 waren es 22 Prozent. Eine Zahl, die nachdenklich stimmt. Von einem Euro, den man 1999 in Händen hielt, hatte man also im Januar 2011 nur noch 78 Cent in der Hand. Von 174 Euro, die ein Mensch seit 1999 als Papiergeld aufbewahrte, waren wegen des Wertverlustes 2011 demnach nur noch 135,72 Euro übrig. Aber aus 174 Euro, die man 1999 in eine Feinunze Gold investierte, wurden 710 Euro. Und das, obwohl Gold eben keine Zinsen abwirft. Ein anderes Beispiel: Die Kaufkraft des US-Dollars hat seit der Aufhebung des Goldstandards im Jahre 1971 mehr als 80 Prozent an Wert verloren. Einen Warenkorb, den man 1980 mit einer Unze Gold erwerben konnte, kann man auch heute noch mit derselben Unze Gold erwerben. Dagegen muss man heute mehr als 2.300 US-Dollar dafür bezahlen, während im Jahr 1980 nur 800 US-Dollar bezahlt werden mussten. Wer Gold hat, der kann also gut auf Zinsen verzichten, wenn er langfristig denkt. Und alle, die langfristig nur in Papiergeld investiert haben, mussten in allen vergangenen Generationen große Wertverluste hinnehmen.

Eine weitere Behauptung lautet, der Kauf von Gold sei eine rein spekulative Investition. Es gibt gewiss Menschen, die Gold kaufen, um damit zu spekulieren. Wer heute ein Kilogramm Gold kauft und es in einer Woche mit Gewinn verkaufen will, der gehört ganz sicher in diese Kategorie. Doch ein intelligenter Mensch kauft Gold nur zum inneren Wert. Wer die jeweiligen Produktionskosten einer Feinunze Gold kennt und diese im Verhältnis zum aktuellen Marktpreis beobachtet, der kann langfristig keine Verluste machen. Denn Gold wird am Markt niemals unter den Produktionskosten verkauft werden. Wenn der Goldpreis aufgrund steigender Nachfrage in die Höhe schnellt, dann verkaufen Zentralbanken mitunter Gold, um den Preis im Verhältnis zu ihrem Papiergeld unter Kontrolle zu halten. Danach fällt der Goldpreis – zumindest vorübergehend. Man kauft Gold als intelligenter Mensch also nicht, wenn er beständig steigt, sondern in Phasen der Preisberuhigung. Wer dann langfristig denkt, der macht nichts anderes als auf den Werterhalt von Gold zu setzen. Es gibt einen wichtigen Grund, warum Gold niemals rasant an Wert verlieren wird. Und zwar auch nicht in Zeiten der verheerendsten Wirtschaftskrise: Fast kein Goldkäufer finanziert Gold auf Kredit (im Gegensatz etwa zu Käufern von Immobilien). In Zeiten wirtschaftlicher Not können viele Menschen Kredite (etwa für Immobilien) nicht zurückzahlen, die Preise für Immobilien fallen dann, weil es ein immer größeres Angebot jener gibt, die verkaufen wollen oder müssen. Goldbesitzer, die nicht auf Kredit finanziert haben, sind demgegenüber nicht unter Druck, ihr Gold zu verkaufen. Und deshalb kommt in Zeiten wirtschaftlicher Not nicht immer mehr Gold auf den Markt. Das Gegenteil ist der Fall: Die Menschen suchen Gold. Und damit bleibt der Preis konstant oder steigt sogar noch.

Ein weiteres Argument gegen Gold lautet, Gold sei »schon zu teuer«. Am 3. Januar 2011 lag der Preis für eine Feinunze Gold bei 1.061 Euro. Und viele Menschen, die zur Weihnachtszeit noch überlegt hatten, zum Jahresbeginn Gold zu kaufen, fanden, das sei »zu teuer«. Immerhin lag der Goldpreis in den ersten Januartagen 2010 – also ein Jahr zuvor – ja nur bei 773 Euro. Wer aber im Januar 2011 befand, dass 1.061 Euro für eine Feinunze Gold »zu teuer« seien, der musste acht Monate später im August 2011 schon 1.365 Euro für eine Feinunze Gold bezahlen. Natürlich ist es keinesfalls so, dass der Goldpreis Monat für Monat kontinuierlich steigt. Aber Gold führte in den vergangenen Jahren bei Anlegern eher ein Schattendasein. Weitaus weniger als fünf Prozent der Anleger investierten einen Teil ihrer Ersparnisse in Gold. Und dennoch stieg der Preis. Vor diesem Hintergrund kann man eine Prognose ganz sicher abgeben: Solange die schwere Wirtschaftskrise und ihre Folgen nicht ausgestanden sind oder sich gar noch ausweiten, wird der Goldpreis weiter steigen, weil mehr und mehr Menschen eine langfristig sichere und werterhaltende Anlageform suchen. Doch völlig unabhängig von einer Wirtschaftskrise gibt es noch einen weiteren Anhaltspunkt dafür, ob Gold teuer oder nicht teuer ist: Ein intelligenter Anleger wird die Goldpreisentwicklung immer im Verhältnis zur Kaufkraft sehen. Und solange der Goldpreis als Referenzwert vor allem in Dollar gehandelt wird, ist die Kaufkraftentwicklung des Dollar wichtig bei der Beurteilung der Frage, ob Gold teuer oder billig ist. Denn das wichtigste Merkmal von Gold ist ja die Kaufkrafterhaltung (nicht die Mehrung der Kaufkraft). Nimmt man die Kaufkraftentwicklung des Dollar seit 1980 (unter Berücksichtigung der Inflationsrate), dann hätte die Unze Feingold beispielsweise im August 2011 etwa 2.300 Dollar (1.630 Euro) kosten müssen. Tatsächlich kostete sie aber nur 1.900 Dollar (1.350 Euro). Vor diesem Hintergrund musste man kein Prophet sein, um dem Goldpreis zu jenem Zeitpunkt auch ohne eine Verschärfung der Wirtschafts- und Finanzkrise zumindest langfristig noch einen steilen Anstieg vorauszusagen bis zu jenem Zeitpunkt, an dem die Feinunze dann für einige Zeit tatsächlich »zu teuer« werden würde.

Geheimwissen: Warum der Goldpreis langfristig steigen wird

Wie wir in diesem Buch gesehen haben, irren selbst die bekanntesten Goldfachleute, wenn es darum geht, die künftige Entwicklung des Goldpreises auch nur halbwegs korrekt vorauszusagen. Im Klartext bedeutet das: Auch sie haben nicht die Kenntnis jener Hintergründe, die ein halbwegs korrektes Lagebild der Zukunft abgeben. Nun gibt es allerdings Fachleute, die dieses Wissen zwar haben, aber nicht veröffentlichen dürfen – bei ihnen fließen alle Informationen zusammen. Zu diesen Fachleuten gehören vor allem Geheimdienste. Nachrichtendienste sind nun einmal keine Nachrichtenagenturen. Und deshalb erfährt die Öffentlichkeit in aller Regel nichts über ihre geheimen Erkenntnisse. Vielleicht erinnern Sie sich noch an den Aufschrei, als *WikiLeaks* mehrere Hunderttausend geheimer amerikanischer Botschaftsdepeschen veröffentlichte. Kein Mensch konnte sie alle lesen, dazu waren es einfach zu viele. Journalisten haben sie nach Themen durchstöbert, die sie und die Redaktionen interessierten. Bei der Suche nach einem Knüller haben sie vieles gefunden – und stets ein Thema ausgeklammert: Gold und die Entwicklung des Goldpreises.

Seit dem Beginn der Wirtschaftskrise 2008 wissen die Amerikaner, dass finanzstarke Länder wie China in den kommenden Jahren immer mehr Gold kaufen wollen, um den Dollar zu schwächen und die eigene Nationalbank zu stärken. Im Anhang dieses Buches haben wir ein typisches Dokument aus jener Zeit abgedruckt, das zwar von *WikiLeaks* veröffentlicht, aber im deutschsprachigen Raum nicht aufgegriffen wurde (siehe im Dokument Punkt 3. zu den chinesischen Goldreserven). Schaut man sich alle aus amerikanischen Botschaften stammenden vertraulichen oder gar geheimen *WikiLeaks*-Dokumente zum Thema Gold an, dann berichten diese übereinstimmend, dass die chinesische Regierung in den nächsten Jahren in aller Ruhe ebenso viel Gold in die Tresore der Zentralbank einlagern will, wie die Amerikaner haben. Wie wir im Kapitel »Goldreserven der Länder« gesehen haben, lagerten in den US-Tresoren der Zentralbank im Jahre 2011 insgesamt 8.133 Tonnen Gold. Und die Chinesen hatten zu jenem Zeitpunkt 1.054 Tonnen Gold bei der Nationalbank. Die chinesische Regierung will demnach in den kommenden Jahren in kleinen Mengen mehr als siebentausend (7.000!) Tonnen Gold kaufen.

China fördert pro Jahr nur 345 Tonnen, verbraucht aber 580 Tonnen. Peking muss somit Gold am Weltmarkt kaufen, um (etwa für die Industrie) den Jahresbedarf überhaupt decken zu können. China kann somit aus eigener Produktion nicht ein Gramm Gold in die Tresore einlagern. Wie wir gesehen haben, steht einer weltweiten Jahresproduktion von derzeit etwa 2.500 Tonnen Gold ein weltweiter Verbrauch von mehr als 3.000 Tonnen gegenüber. Und die Goldförderung in den klassischen Goldförderländern geht drastisch zurück. Die Differenz des Bedarfs wird derzeit durch Recycling gedeckt. Aber auch für den Laien ist somit schon auf den ersten Blick klar, dass Peking das Vorhaben, rund 7.000 Tonnen Gold einzulagern, keinesfalls auch nur innerhalb von fünf oder zehn Jahren verwirklichen kann, ohne den Preis am Markt steil nach oben schnellen zu lassen. Festzuhalten ist somit, dass China (einer der finanzkräftigsten Staaten der Welt) in den nächsten Jahren Gold am Weltmarkt kaufen wird. Und wo ein großer und solventer Käufer vorhanden ist, da kann man kaum erwarten, dass der Goldpreis drastisch fallen wird.

Die vertraulichen *WikiLeaks*-Dokumente sind allerdings noch aus weiteren Gründen für potenzielle Goldanleger interessant: Denn sie strafen all jene »Fachleute« Lügen, die in den vergangenen Jahren stets behauptet hatten, Gold werde in Zukunft eine immer geringere Rolle bei der Absicherung von Werten spielen – das Gegenteil ist der Fall. Die Dokumente belegen jedenfalls, dass sowohl die Europäische Zentralbank als auch die US-Notenbank seit Jahren schon hinter den Kulissen intervenieren, um den Goldpreis möglichst niedrig zu halten. Sie wollen damit verhindern, dass der Dollar als Leitwährung der Welt zunehmend an Einfluss verliert und durch Gold als Referenzwert ersetzt wird. Das alles hat nach Angaben der *WikiLeaks*-Dokumente einen gewichtigen Grund: Weltweit waren im Jahre 2008 mehr als 31,1 Billionen Dollar (22,1 Billionen Euro) in Pensionsfonds angelegt (zur Information: *Morgan Stanley* schätzte 2008 die Summe weltweit nur auf 20 Billionen Dollar, in Wahrheit sind es demnach 50 Prozent mehr). Nach den *WikiLeaks*-Dokumenten haben jene Finanzunternehmen, die diese gewaltige Geldsumme verwalten, durchschnittlich nur 0,15 Prozent ihrer Papiere in physischem Gold und weitere 0,15 Prozent in Goldminenaktien angelegt. Von allen Pensionsrücklagen der gesamten Welt sind (selbst wenn man die Goldminenaktien dazurechnet) also insgesamt weniger als ein Drittel Prozent (!) des Nominalwertes durch Gold abgesichert.

Können Sie sich vorstellen, was passieren würde, wenn auch nur ein einziger Fondsmanager der wirklich großen weltweiten Pensionsfonds sich dazu entschließen würde, aus Gründen der Sicherheit der von ihm verwalteten Kundengelder von weniger als einem Drittel physischer Goldabsicherung auf auch nur fünf Prozent physischen Goldanteil zu erhöhen? Nach den *WikiLeaks*-Dokumenten wäre die Folge eine sofortige Explosion des Goldpreises – und parallel dazu der Absturz der großen Weltwährungen. Dollar und Euro würden über Nacht extrem an Wert verlieren. Laut *WikiLeaks* gab es 2008 neben 31,1 Billionen Dollar (22,1 Billionen Euro) in den Pensionsfonds zudem 18,7 Billionen Dollar (13,3 Billionen Euro) Assets von Versicherungsgesellschaften, 1,7 Billionen Dollar (1,2 Billionen Euro) in den

Händen von Hedgefondsmanagern und 3,8 Billionen Dollar (2,7 Billionen Euro) in den Händen von privaten Vermögensverwaltern. Die Vorstände der jeweiligen Gesellschaften suchen laut *WikiLeaks* die Nähe zur Politik und werden von dort seit Jahren beeinflusst, möglichst wenig in Gold zu investieren, um die großen Währungen im Interesse der von ihnen verwalteten Gelder nicht abstürzen zu lassen. Hintergrund: Würden Pensionsfonds auch nur einige Prozente ihrer Assets aus Staatsanleihen bestimmter Staaten zurückziehen und in Gold umschichten, dann bräche der Markt für jene Staatsanleihen zusammen – die betroffenen Staaten wären bankrott. Viele Staaten stünden dann da wie Griechenland 2011.

Es gibt viele geheime Informationen aus dem Goldbereich, die der Öffentlichkeit (bewusst) vorenthalten werden. Ein weiteres Beispiel: Die Islamische Republik Iran hat seit dem Jahr 2000 heimlich große Mengen Gold gekauft. In der Teheraner Zentralbank lagern jetzt 638 Tonnen Gold – mehr als doppelt soviel wie offiziell bekannt. Iran tauschte dazu 15 Prozent seiner Währungsreserven in Gold um. Man tauschte auf ausländischen Konten gelagerte iranische Devisenreserven gegen Gold und wollte verhindern, dass die Geldreserven im Rahmen möglicher internationaler Sanktionen gegen das iranische Atomprogramm eingefroren würden. Das Gold wurde bei Großhändlern weit unter dem Marktpreis gekauft – für 656 Dollar je Unze. In der offiziellen Goldreservestatistik des *World Gold Council* tauchen die iranischen Goldbestände gar nicht auf. Mit mehr als 600 Tonnen Gold liegt Iran aber nun in dieser Rangliste auf Platz 11 hinter den Niederlanden und noch vor Indien. Es gibt somit auch neben China große Käufer am Markt, die sich mit Gold eindecken.

Während im Falle Chinas die Goldkäufe zumindest in Fachkreisen bekannt sind, gibt es viele weitere Akteure, die zwar über mehr als tausend Tonnen Gold verfügen, aber in keiner offiziellen Statistik auftauchen. Dazu zählt beispielsweise die Kirche. Der Vatikan besaß nach einem Artikel der römischen Zeitung *Oggi* aus dem Jahre 1952 etwa 1.500 Tonnen Gold in Barrenform. Die katholische Kirche hat keinen Grund, über ihre Goldreserven zu sprechen. Warum auch? Der Vatikan verfügt über mehr Gold in Barrenform als die Zentralbank von Russland, China, die Schweiz oder Frankreich. Er hat einen Teil seiner

Goldreserven bei der *Fed* in New York eingelagert. Der weitaus größte Teil befindet sich allerdings im Vatikan. Obwohl der Vatikan kein Mitglied der Europäischen Union ist, darf er Euromünzen prägen – und zwar auch in Gold. Seit 2002 wurden zunächst 917er Goldmünzen mit einem Nominalwert von 20 und 50 Euro geprägt, seit 2008 auch mit einem Nominalwert von 100 Euro.

Neben den gegossenen Goldbarren, die der Kirche in ihrer Geschichte entweder vermacht oder zur Aufbewahrung anvertraut wurden, verfügt diese über viele Tonnen sakraler Kunstwerke aus massivem Gold. Der italienische Enthüllungsjournalist Gianluigi Nuzzi bekam im Jahre 2003 einige Kopien von Vermögensaufstellungen aus dem Vatikan zugespielt und verfasste damit einen Bestseller. In Hinblick auf Gold schreibt er unter Berufung auf diese Dokumente, dass allein in den Gruften unter dem Vatikan anderthalb Tonnen Gold lagern. Es geht hier wohlgemerkt nicht um Tresore, sondern schlicht um sakrale goldene Grabbeigaben. Vieles vom Kirchengold kann man ja auch öffentlich bestaunen. Allein in den spanischen Städten Toledo und Sevilla stellt die Kirche mehr als 40 Tonnen Gold in Form von sakralen Kunstgegenständen öffentlich aus: Die drei Meter hohe Monstranz in der Kathedrale von Toledo ist ebenso aus Gold wie die acht Meter hohe Marienstatue in Sevilla oder der Altar der Kathedrale von Sevilla, an dem allein 20 Tonnen Gold verarbeitet wurden. Niemand hat es bislang vermocht, die vielen weltweit der Kirche gehörenden und in Kunstwerken oder sakralen Gegenständen verarbeiteten Tonnen Gold vollständig zu erfassen. Können Sie sich vorstellen, dass die christlichen Kirchen mit dem Verkauf von Teilen ihrer Goldschätze oder dem Ankauf von weiterem Gold sofort den Goldpreis massiver als viele große Staaten beeinflussen könnten?

Weitaus geheimnisvoller noch als das Gold der katholischen Kirche ist das große Goldvermögen in einem den meisten Menschen völlig unbekannten europäischen Staat: Reiche Familien horten ihr Geld angeblich in der Schweiz, in Liechtenstein oder in den anderen bekannten ehemaligen Steueroasen. Allerdings gibt es inmitten Europas ein Land, das kaum jemand kennt. Es zieht sehr diskret unvorstellbar große Vermögen magisch an. Denn dort sind sie garantiert dem Zugriff der EU-Finanzminister entzogen.

Welches europäische Land ist 336 Quadratmeter groß, hat 2.262 Einwohner, keine Polizei und als einziges Land der Welt kein Rechtssystem? Ein weißer Fleck auf der Staaten- und Rechtskarte. Wenn einmal Unruhen in dem Land ausbrächen, dann hätte niemand (selbst die UNO nicht) ein Mandat, um dort einzumarschieren und die Sicherheit wiederherzustellen. Der Tag beginnt in der kaum einem Europäer bekannten kleinen Hauptstadt Karyes mit dem Sonnenuntergang (null Uhr). Und wer mit den Einwohnern einen Termin vereinbart, der muss wissen, dass der Kalender der Bürger inzwischen 13 Tage hinter unserem zurückgeblieben ist. Wahrscheinlich haben Sie noch nie von diesem europäischen Land gehört. Das hat möglicherweise einen einleuchtenden Grund: Denn es ist auch weiterhin das einzige EU-Land, in dem es weder Personenfreizügigkeit noch Pressefreiheit gibt. Und seit mehr als tausend Jahren dürfen Frauen das Land nicht betreten. Daran hat seit 1981 auch die EU-Mitgliedschaft bislang nichts geändert. Ohne gültige Einreiseerlaubnis darf selbst der EU-Kommissionspräsident das europäische Land nicht betreten.

Seit drei Jahrzehnten bemüht sich die Europäische Union vergeblich darum, die Sonderrechte der Mönchsrepublik Ágion Óros (»Heiliger Berg«) inmitten Europas abzuschaffen. Das im Osten der griechischen Halbinsel Chalkidiki gelegene Gebiet ist politisch und rechtlich autonom. Und der Berg Athos – das Wahrzeichen der durch eine gut markierte Grenze von Griechenland abgetrennten Halbinsel – gehört steuerrechtlich eben nicht zum Gebiet der Europäischen Union. Nirgendwo sonst in Europa sind eingelagerte (Gold-) Vermögen vor dem Finanzamt so sicher wie in den auf den ersten Blick so »armen« Klöstern. Denn die Europäische Union gilt den Mönchen am Berg Athos als Verkörperung des Leibhaftigen, als Inbegriff der Versuchung des Teufels.

Die zwanzig autonomen Großklöster gehören völkerrechtlich zwar zu Griechenland. Aber das Sagen haben die Mönche. Zum Ärger der EU-Finanzminister. Denn seitdem die meisten der bekannten Steueroasen von der EU ausgetrocknet wurden, haben einige der Großklöster entdeckt, dass die steuerrechtliche und politische Autonomie ihnen unschätzbare Vorteile bietet. Man darf sich die Republik Óros allerdings nicht als einen einheitlichen Kleinstaat vorstellen, in dem die Mönche des einen Klosters auch wissen, was im nächsten Kloster geschieht. Denn neben mehr als einem Dutzend untereinander zerstrittener griechisch-orthodoxer gibt es eben auch ein russisches, ein bulgarisches, ein rumänisches, ein serbisches und ein georgisches Großkloster. Und jedes Großkloster ist letztlich ein Staat im Staate. Jedes der Großklöster hat einen eigenen Mittelmeerhafen. Und jede der mönchischen Gemeinschaften befindet autonom darüber, wen man aus welchen Gründen ins Kloster lässt. Auch weiterhin dürfen täglich insgesamt nur 100 orthodoxe und zehn nichtorthodoxe Besucher die Mönchsrepublik betreten.

Als Erstes wurden nach der Jahrtausendwende die Yachten russischer Oligarchen an den Gestaden der Mönchsrepublik Ágion Óros gesichtet. Der russische Oligarch Roman Abramowitsch, einer der reichsten Männer der Welt, legte bei seiner ersten Ankunft im russischen Kloster am Berg Athos noch Wert auf Diskretion. Heute ankert der Sohn jüdischer Eltern ganz offen vor der Küste, bezahlt pro Tag 1,5 Millionen Euro »Liegegebühr« (in Gold) und ließ eines der orthodox-christlichen Klöster auf seine Kosten renovieren. Nach Abramowitsch kamen zwielichtige russische Neureiche, die ihr schnelles Geld mit Geschäften gemacht hatten, über die man besser nicht offen spricht. Mit ihnen kamen Kisten voller Edelmetalle (Platin und Gold), Diamanten und vor allem der Antiquitätenschmuggel (wertvolle alte Ikonen).

Seit vielen Jahren wissen die griechische Regierung und auch die EU-Kommission, dass manche der auf den ersten Blick so armen und gottesfürchtigen Klöster der autonomen Mönchsrepublik Ágion Óros in ähnlich anrüchige Geschäfte verwickelt sind, wie man sie in Zusammenhang mit den Durchsuchungen der Vatikanbank in den letzten Jahren aufzuklären versuchte. Das römische *Istituto per le Opere di Religione* (IOR, deutsch: Institut für die religiösen Werke, Vatikanbank) war zuletzt im September 2010 wegen Geldwäsche in zweistelliger Millionenhöhe in die Schlagzeilen geraten. Im Gegensatz dazu ist es um die Geldgeschäfte der Mönchsrepublik Ágion Óros außerhalb Griechenlands seltsam still.

Die Voraussetzungen für schnelle Kapitalmehrung sind für manche der Äbte und Mönche eben paradiesisch. Niemand zahlt Einkommensteuer. Und bei der Einfuhr von Baustoffen, Öl, Lebensmitteln und Konsumgütern und der Ausfuhr etwa von Kunsthandwerk verzichtet der griechische Staat zudem auf Zölle oder Umsatzsteuern. Wen wundert es da, dass sich die Äbte nach dem um vier Uhr beginnenden morgendlichen Frühgebet auf die Jagd nach renditeträchtigen Anlagen begeben? Es waren griechische Banken, die in der Mönchshauptstadt Karyes vor mehr als einem Jahrzehnt diskret die ersten Filialen eröffneten. Sie und die Mönchsrepublik Ágion Óros haben sich unter den reichsten Menschen der Welt seither den Ruf eingehandelt, diskreter zu sein als jede andere Bank der Welt. Damit die Anreise nicht so beschwerlich ist, wurde sogar ein Hubschrauberlandeplatz im zweitgrößten Kloster eröffnet. Man sollte besser nicht öffentlich darüber sprechen. Denn unter den griechischen Christen grenzt das an Gotteslästerung. Jene EU-Finanzminister, die angeblich jede europäische Steueroase trockengelegt haben, verschließen im Falle der Mönchsrepublik Ágion Óros fest die Augen. Dabei hätten sie Verbündete, die lieber heute als morgen alles Gold und Geld aus der Mönchsrepublik verbannen möchten: Das Kloster Esfigmenou hat sich von den übrigen Klöstern auf dem Berg Athos isoliert. Es lehnt sich gegen die Annäherung der anderen Klöster an die katholische Kirche auf – und gegen das viele Geld und Gold, das in den vergangenen Jahren ins Land gekommen ist. Den wenigen Besuchern werden diese Mönche heute als »rückständig« präsentiert.

Die Mönchsrepublik Ágion Óros ist die letzte echte Steueroase in Europa. In den Klöstern soll mehr Gold lagern als in vielen Zentralbanken europäischer Staaten. Solange die Hauptstadt Karyes auch für die meisten gebildeten Europäer unbekannt ist, wird sich daran wohl nichts ändern. Ágion Óros war seit 1.500 Jahren ein sicheres Versteck für große Goldvermögen. Seit dem Ausbruch der schweren Finanz- und Wirtschaftskrise lagern die Reichen dieser Welt wieder Gold in Ágion Óros ein. Sie wissen ganz genau, warum sie das machen.

Am Ende dieses Buches sei noch auf Entwicklungen in der Schweiz und in den Niederlanden hingewiesen: Vor dem Hintergrund der Verwerfungen an den Finanzmärkten ziehen seit 2008 immer mehr reiche

Familien Mittel aus traditionellen Anlagen wie Aktien und Anleihen ab. Auf der Suche nach Schutz vor Verlusten und Inflation werden sie bei der Schweizer Bank Wegelin & Co. in einem »Katastrophen-Portfolio« fündig, das zu jeweils einem Drittel aus physischem Gold, Aktien von kapitalstarken und krisenresistenten Unternehmen wie *Nestlé* oder *Unilever* sowie Anleihen aus verschiedenen Währungsräumen wie norwegischen Kronen oder australischen Dollar besteht. Das von der ältesten Schweizer Bank Wegelin & Co. 2008 zusammengestellte »Katastrophen-Portfolio« mit einem Drittel physischem Gold findet bei den Kunden immer größeres Interesse. Wirklich wohlhabende Menschen investieren für Krisenzeiten demnach bei der ältesten Schweizer Bank offenkundig vorausschauend und intelligent. Nicht anders ist es jetzt bei der Niederländischen Zentralbank: Im September 2011 hat die Regierung im Parlament in Den Haag eine Anfrage nach den nationalen Goldreserven beantwortet. Mit dem Beginn der Wirtschaftskrise im Jahr 2008 haben die Niederlande demnach damit aufgehört, physisches Gold der Zentralbank zu verkaufen. Sie verleihen seither auch kein Gold mehr (die Deutsche Bundesbank verhält sich ähnlich). Seit 1991 hatte die Niederländische Zentralbank 1.100 Tonnen Gold (zu niedrigen Preisen) verkauft, weil man glaubte, man werde es nie wieder benötigen. Heute sieht man das bei den Zentralbankern völlig anders. Auf die Frage, welcher Stellenwert dem Gold heute in den Tresoren der Niederländischen Zentralbank zukomme, antwortete die Regierung: »Das Gold der Niederländischen Zentralbank ist heute die ultimative Finanzreserve und der letzte verbliebene Anker des Vertrauens in einer Zeit der schweren Finanzkrise«. Noch klarer kann man als Zentralbank innerhalb der EU wohl kaum ausdrücken, welchen Stellenwert Gold in Krisenzeiten gegenüber Papiergeld hat.

Warum Schweigen Gold ist

Nun haben nur die wenigsten Menschen wirklich große Goldvermögen. Und viele überlegen lange, wann sie das erste Gold kaufen sollen. Um erfolgreich zu investieren, muss man sich an sehr wenige Regeln halten: Gier ist niemals ein guter Ratgeber. Und Anlageberater oder Goldverkäufer wollen verkaufen und ihre potenziellen Kunden beeinflussen. Es ist keineswegs sicher, dass der Goldpreis immer nur beständig steigt. Im Gegenteil: Es ist völlig normal, dass er in wirtschaftlich sehr guten Zeiten auch wieder fällt, weil dann nur wenige Menschen Inflationsängste haben und Werte durch Edelmetalle absichern wollen. Man kauft also ohne Gier und in aller Ruhe in wirtschaftlich guten Zeiten. Dann ist der Goldpreis garantiert niedriger als in Krisenzeiten. Man konnte das gut seit den achtziger Jahren bis zum Höhepunkt der Weltwirtschaftskrise im neuen Jahrtausend sehen: Der Preis pro Feinunze Gold dümpelte um die 300-Dollar-Marke, bis er nach den Terroranschlägen des 11. September 2001 einen zunächst fast unmerklichen Aufstieg begann, der von 2005 an steiler wurde und dann im August 2011 sogar 1.900 Dollar je Unze erreichte. Aber solche Chartkurven sind keine Wanderkarten. Ob der Gipfel wirklich erreicht ist, weiß man immer erst hinterher. Deshalb ist es ratsam, eine Investition in Gold als langfristige Investition zu betrachten.

Am Ende dieses Buches sei Ihnen eine Empfehlung ans Herz gelegt: Wenn Sie Gold besitzen oder kaufen wollen, dann sprechen Sie möglichst nur im engsten Kreise Ihrer Familie darüber. Reden ist Silber, Schweigen ist Gold. Sie provozieren sonst selbst in wirtschaftlich guten Zeiten Neid. Und in einer Krisenzeit werden sich all jene, denen Sie einst von Ihrem Gold berichtet haben, daran erinnern und vor Ihrer Türe stehen.

Händlerverzeichnis

Hier finden Sie eine Übersicht wichtiger Edelmetallhändler:

Goldhandel Dr. Klaus Neugebauer
Bahnhofstraße 22, D-58706 Menden
Telefon: 0 23 73 - 39 49 73, Telefax: 0 23 73 - 39 49 84
Kontakt: info@bullionaer.de, Internet: www.bullionaer.de

Silbertresor – Faller Edelmetalle
Inhaber: Stefan Faller
Dieselstraße 16, D-86368 Gersthofen (bei Augsburg)
Telefon: 08 21 - 885 68 78 oder 01 51 - 50 50 58 80, Telefax: 08 21 - 885 68 69
Kontakt: info@silbertresor.de, Internet: www.silbertresor.de

Münzdiscount Dresden
S & R Edelmetalle GmbH, TechnologieZentrumDresden
Gostritzer Straße 61, D-01217 Dresden
Telefon 03 51 - 871 80 14 oder 01 72 - 989 80 85, Telefax: 03 51 - 871 80 18
Kontakt: info@muenzdiscount.de, Internet: www.muenzdiscount.de

Anlagegold24 –Gesellschaft für Münzeditionen mbH
Celler Straße 106d, D-38518 Gifhorn
Telefon: 0 53 71 - 589 00, Telefax: 0 53 71 - 589 01 50
Kontakt: info@gfmshop.com, Internet: www.anlagegold24.de

Schoeller Münzhandel GmbH Österreich
Renngasse 14, A-1010 Wien
Telefon: 00 43 (0)153 336 06 - 0, Telefax: 00 43 (0)153 336 06 - 44
Kontakt: office@schoeller-muenzhandel.at
Internet: www.schoeller-muenzhandel.at

Anhang

Übersicht der Gold-Börsenkurse nach Jahr in Dollar und Euro 1973 bis 2010

Die Preise beziehen sich auf 1 Unze / OZ von Gold

Jahr	Höchstkurs in USD	Datum	Tiefstkurs in USD	Datum	Durchschnitt in USD	Höchstkurs in EUR	Datum	Tiefstkurs in EUR	Datum	Durchschnitt in EUR	USD Durchschnitt Diagramm
1973	127,00	06.07	63,90	18.01	ø 97,80						
1974	195,25	30.12	116,50	02.01	ø 158,93						
1975	185,25	24.02	128,75	23.09	ø 160,90						
1976	140,35	02.01	103,50	25.08	ø 124,76						
1977	167,95	11.11	129,75	11.01	ø 147,79						
1978	242,75	30.10	160,90	27.04	ø 193,41	164,14	29.12	160,16	28.12	ø 162,15	
1979	512,00	28.12	216,85	15.01	ø 304,68	354,84	28.12	160,51	03.01	ø 221,61	
1980	850,00	21.01	481,50	18.03	ø 614,50	588,76	21.01	352,19	01.05	ø 441,42	
1981	599,25	06.01	391,25	04.08	ø 459,26	454,37	05.01	364,09	01.12	ø 410,82	
1982	481,00	07.09	296,75	21.06	ø 375,32	504,77	07.09	306,00	15.03	ø 384,77	
1983	509,25	15.02	374,50	21.11	ø 423,66	546,83	01.02	432,69	28.02	ø 474,97	
1984	405,85	05.03	307,50	20.12	ø 360,44	483,94	21.09	428,51	18.12	ø 456,89	
1985	340,90	19.08	284,25	25.02	ø 317,16	474,66	20.03	364,06	02.12	ø 418,31	
1986	438,10	08.10	326,30	02.01	ø 367,63	425,30	23.09	344,62	27.02	ø 373,62	
1987	499,75	14.12	390,00	18.02	ø 446,19	428,03	04.08	345,44	18.02	ø 387,04	
1988	483,90	08.01	395,30	26.09	ø 436,88	396,77	23.08	348,10	29.02	ø 369,51	
1989	415,80	24.11	355,75	15.09	ø 380,80	367,44	24.11	329,48	25.10	ø 345,81	

1990	423,75	07.02	345,85	14.06	ø 383,37	347,99	24.01	266,92	07.12	ø 301,58
1991	403,00	16.01	344,25	13.09	ø 362,14	329,16	03.07	254,59	06.02	ø 292,93
1992	359,60	28.07	330,25	10.11	ø 343,84	285,93	04.03	234,15	02.09	ø 265,88
1993	405,60	02.08	326,10	10.03	ø 359,94	368,56	02.08	263,46	25.01	ø 308,48
1994	396,25	28.09	369,65	22.04	ø 384,14	354,17	05.01	301,92	01.11	ø 324,18
1995	395,55	19.04	372,40	09.01	ø 384,04	311,17	03.01	284,63	28.07	ø 297,00
1996	414,80	05.02	367,40	03.12	ø 387,84	335,76	02.02	294,03	21.11	ø 309,64
1997	362,15	03.03	283,00	12.12	ø 330,98	316,84	03.03	254,04	12.12	ø 293,05
1998	313,15	24.04	273,40	28.08	ø 294,12	288,13	06.04	243,26	23.10	ø 262,34
1999	325,50	05.10	252,80	20.07	ø 278,57	304,40	05.10	236,87	29.07	ø 261,42
2000	312,70	07.02	263,80	27.10	ø 279,10	324,55	23.10	270,63	06.01	ø 302,90
2001	293,25	17.09	255,95	02.04	ø 271,04	333,78	24.05	277,47	11.01	ø 302,89
2002	349,30	27.12	277,75	04.01	ø 309,98	351,18	29.05	307,07	01.08	ø 328,06
2003	417,25	31.12	319,90	07.04	ø 363,74	352,43	05.02	298,11	16.04	ø 321,30
2004	427,25	01.04	390,50	03.03	ø 408,34	351,89	02.04	312,27	06.02	ø 329,03
2005	536,50	12.12	411,10	08.02	ø 444,97	448,24	12.12	320,15	11.01	ø 358,84
2006	725,00	12.05	524,75	05.01	ø 603,96	562,54	12.05	433,64	05.01	ø 480,51
2007	841,10	08.11	608,40	10.01	ø 696,40	572,83	31.12	468,02	08.01	ø 507,23
2008	1.011,25	17.03	712,50	24.10	ø 871,80	668,47	10.10	529,39	12.09	ø 593,23
2009	1.212,50	02.12	810,00	15.01	ø 988,12	805,17	02.12	618,53	07.01	ø 703,81
2010	1.421,00	09.11	1.058,00	05.02	ø 1.226,27	1.071,46	29.12	765,86	22.01	ø 926,36

US-Botschaftsbericht aus Peking zur chinesischen Gold-Politik

US embassy cable - 09BEIJING1134
MEDIA REACTION: U.S.-CHINA-JAPAN RELATIONS, U.S. POLICY, CHINA'S GOLD RESERVES

VZCZCXYZ0000
RR RUEHWEB

DE RUEHBJ #1134 1180823
ZNR UUUUU ZZH
R 280823Z APR 09
FM AMEMBASSY BEIJING
TO RUEHC/SECSTATE WASHDC 3690
INFO RUEHOO/CHINA POSTS COLLECTIVE
RHMFIUU/CDR USPACOM HONOLULU HI

DEPARTMENT FOR INR/R/MR, EAP/CM, EAP/PA, EAP/PD, C
HQ PACOM FOR PUBLIC DIPLOMACY ADVISOR (J007)
SIPDIS

E.O. 12958: N/A
TAGS: OPRC, KMDR, CH, PREL, ECON

SUBJECT: MEDIA REACTION: U.S.-CHINA-JAPAN RELATIONS, U.S. POLICY, CHINA'S GOLD RESERVES

Editorial Quotes
----

1. U.S.-CHINA-JAPAN RELATIONS

"China and Japan should alleviate the U.S. influence in their countries' future development"

The official Communist Party international news publication Global Times (Huanqiu Shibao)(04/28): "The Japanese Prime Minister will visit China soon. This brings attention to the development of the bilateral relationship between the two countries. The two countries have both developed independently. China is gradually moving past the 'American conceptual restrictions' that exist in the country, especially after the results of the financial crisis. China's de-Americanization is gaining speed. Japan's de- Japan's de-Americanization is speeding up as well. Japan is likely to discard the U.S. completely and take steps closer to its East Asian neighbor countries. The U.S. should not encourage Japan to develop its military strength. U.S. interference will be an important factor to overcome if China-Japan relations intend to develop maturely.

China should change their old thinking that U.S.-China relations are more important than China-Japan relations. In fact, the significance of the China-Japan relationship has also globalized, and is not limited to Asia. China and Japan should seek more breakthroughs in global cooperation. The two countries should contribute more in the development of the world."

2. U.S. POLICY

"Obamaism is not yet fully formed"

The China Radio International sponsored newspaper World News Journal (Shijie Xinwenbao)(04/28): "Obama has just become president. During his first 100 days in office, the concepts of Obamaism have frequently appeared. Obamaism is characterized by the fact that the Obama administration is aware that the U.S. cannot solve so many international issues by itself. It is very different from Bush's cowboy diplomacy. However, Obamaism hasn't fully formed and it is facing challenges. People doubt that Obama will make any breakthroughs in the core strategic interests and values of the U.S. It is doubtful that he will give up the country's long-term pursuit of hegemony. Obama once stated that he would reshape the global leadership of the U.S. This shows that the U.S. does not intend to be an equal partner in international communications. The U.S. also struggles with the variant nature of its policies. One can gain insight from the U.S. Cuba policy. However, people can still be hopeful."

3. CHINA'S GOLD RESERVES

"China increases its gold reserves in order to kill two birds with one stone"

The China Radio International sponsored newspaper World News Journal (Shijie Xinwenbao)(04/28): "According to China's National Foreign Exchanges Administration China 's gold reserves have recently increased. Currently, the majority of its gold reserves have been located in the U.S. and European countries. The U.S. and Europe have always suppressed the rising price of gold. They intend to weaken gold's function as an international reserve currency. They don't want to see other countries turning to gold reserves instead of the U.S. dollar or Euro. Therefore, suppressing the price of gold is very beneficial for the U.S. in maintaining the U.S. dollar's role as the international reserve currency. China's increased gold reserves will thus act as a model and lead other countries towards reserving more gold. Large gold reserves are also beneficial in promoting the internationalization of the RMB."

PICCUTA

Dieses Buch gibt praktische Antworten auf jede Frage zu Silberinvestments. Nicht nur zum »Warum?«, sondern auch zum »Wie investiere ich?«. Es ist ein leidenschaftliches Plädoyer für Silber.

Silber steht vor goldenen Zeiten

Silber ist das bessere Gold. Ein geflügelter Spruch lautet: »Silber ist das Gold des kleinen Mannes.« Thorsten Schulte, der Silberexperte Nr. 1 in Deutschland, ist aber davon überzeugt, dass Silber in Wahrheit das Gold des klugen Mannes ist. Noch immer steht Gold im Mittelpunkt des Interesses. Zu Unrecht, denn die Chancen von Silberinvestments sind bedeutend größer als die des Goldes.

Wer dieses Buch liest, wird sich kaum der Begeisterung des Autors für das weiße Metall entziehen können. Mehr noch, der Leser erfährt wertvolle Hintergrundinformationen, Anlagetipps und wichtiges Insiderwissen. Worauf bei physischen Käufen zu achten ist, Wissenswertes über Sammlermünzen, was bei börsengehandelten Fonds unbedingt berücksichtigt werden muss, welche Silberminen interessant sind und wie am Terminmarkt Geld verdient werden kann, all das ist Bestandteil dieser »Silberfibel«. Aber auch die Bedeutung antizyklischen Investierens wird von Thorsten Schulte eindrucksvoll mit Leben gefüllt, und die Geschichte der Silberspekulation der Hunt-Brüder in den 1970er-Jahren dient als Mahnung für jeden Silberinvestor.

gebunden
256 Seiten
zahlreiche Abbildungen
ISBN 978-3-942016-48-3
19.95 €

Kopp Verlag
Pfeiferstraße 52
D-72108 Rottenburg
Telefon (0 74 72) 98 06 0
Telefax (0 74 72) 98 06 11
info@kopp-verlag.de
www.kopp-verlag.de